Dieser Band enthält – links spanisch, rechts deutsch – drei Prosa-Einakter des spanischen Nobelpreisträgers Benavente (1866 bis 1954): Szenen aus der gutbürgerlichen Gesellschaft, eher elegante als grimmige Satiren. Überzeugend sind sie durch ihre dramaturgische Qualität und ihren Schlag auf Schlag treffenden Dialog.

dtv zweisprachig · Edition Langewiesche-Brandt

Jacinto Benavente

De Pequeñas Causas... Tres obras en un acto

Kleine Ursachen... Drei Einakter

Deutscher Taschenbuch Verlag

Übersetzung von Friedrich Bralitz

Deutscher Taschenbuch Verlag GmbH & Co. KG
München 1973
© Aguilar, D. A. de Ediciones, Madrid
© 1961 Langewiesche-Brandt, Ebenhausen bei München
Umschlaggestaltung: Celestino Piatti
Gesamtherstellung: Kösel, Kempten
Printed in Germany. ISBN 3-423-09031-6

Sin Querer · Ungewollt und ohne Liebe   7

No Fumadores · Nichtraucher   43

De Pequeñas Causas... Kleine Ursachen...   65

Sin Querer · Ungewollt und ohne Liebe

La acción, en Madrid. — Gabinete elegante

Die Handlung spielt in Madrid,

in einem vornehm eingerichteten Zimmer

Luisa

Una Doncella · Eine Zofe

Pepe

Don Manuel

ESCENA PRIMERA

Luisa, la Doncella y, después, Pepe

DONCELLA ¡Señorita Luisa, señorita Luisa!

LUISA ¿Ha subido?

DONCELLA Sí.

LUISA ¿Por la escalera de servicio? ¿No le ha visto nadie?

DONCELLA Por la escalera de servicio. ¡Cómo se conoce que la señorita no está acostumbrada a estas cosas!... ¡Para llamar más la atención!...

LUISA Es verdad; los porteros le conocen; y, sobre todo, con que papá no le vea... Corre, que pase, y ten mucho cuidado; en cuanto salga mi tío de hablar con papá nos avisas...

DONCELLA Descuide usted.

LUISA Y no vayas a decir a nadie...

DONCELLA ¡Señorita! Porque me haya usted oído contar más de cuatro cosas que ha visto una... Tratándose de usted, ya sé que esto no será ninguna trapisonda, aunque lo parezca.

LUISA Por supuesto... Ya lo sabrás... Anda, no hagas ruido al pasar por el gabinete.

Sale la Doncella. A poco entra Pepe

PEPE ¡Luisita!

LUISA ¡Chis! No digas nada, no levantes la voz, no te muevas... Tenemos que hablar; siéntate. No dejes el sombrero, no fumes... ¡Uf, qué humo!

ERSTER AUFTRITT

Luisa und die Zofe, später Pepe

DIE ZOFE Fräulein Luisa! Fräulein Luisa!

LUISA Ist er heraufgekommen?

DIE ZOFE Ja.

LUISA Über die Hintertreppe? Hat ihn auch niemand gesehen?

DIE ZOFE Über die Hintertreppe. Man sieht doch gleich, daß das Fräulein nichts von diesen Dingen versteht! Was könnte wohl mehr auffallen!

LUISA Das stimmt. Die Pförtnersleute kennen ihn, und vor allem, daß bloß Vater ihn nicht gesehen hat... Lauf schon, er soll hereinkommen, und paß scharf auf: sowie mein Onkel von seinem Gespräch mit Vater herauskommt, sagst du uns Bescheid.

DIE ZOFE Machen Sie sich keine Sorgen.

LUISA Und sag bloß niemandem...

DIE ZOFE Aber Fräulein! Haben Sie schon jemals gehört, daß ich etwas ausgeplaudert hätte? Bei Ihnen weiß ich schon, daß Sie keine verbotenen Heimlichkeiten haben, auch wenn es so aussieht.

LUISA Natürlich nicht. Das weißt du ja... Also mach keinen Lärm, wenn du durchs Herrenzimmer gehst.

Zofe ab. Gleich darauf Auftritt Pepe

PEPE Tag Luisita!

LUISA Psst! Nicht reden, kein lautes Wort, keine Bewegung... Wir müssen etwas besprechen; setz dich. Laß den Hut nicht liegen und hör auf zu rauchen. Puh, was für ein Qualm! Leg

No dejes ahí el cigarro. Siéntate, hombre, siéntate. Ya supondrás por qué te he llamado de esta manera...

Pepe   Sí; supongo...

Luisa   No supones, lo sabes... Sabes que mi padre y el tuyo conferencian en este momento.

Pepe   ¿En este momento?

Luisa   Sí. Se han encerrado en el despacho. Y era urgente, preciso, que nosotros nos viéramos antes a solas, con toda libertad, para ponernos de acuerdo... Nuestros padres deciden allí; pretenden decidir de nuestro porvenir, disponer de nuestro corazón... Ya estás enterado: quieren casarnos.

Pepe   Sí. Papá siempre me estaba diciendo: «Las bodas deben hacerse en familia; hay más probabilidades de acertar... En nuestra familia hay excelentes muchachas; debes fijarte en una de tus primas.» Pero, la verdad, como sois veintitantas en la familia..., era imposible fijarse...

Luisa   Papá estaba siempre con la misma canción; pero como el único primo casadero de la familia eres tú, cuando papá me decía: «Debes casarte con uno de tus primos», ya sabía yo que el primo eras tú. Comprende que hay mucha diferencia en poder escoger entre veintitantas a no tener dónde escoger... Pero, aparte de eso, la idea de nuestros padres es ridícula. ¿Por qué nos hemos de casar nosotros? ¿Me quieres tú a mí? ¿Te quiero yo a ti? Es decir, nos queremos... así, como buenos parientes..., y eso es lo malo; mejor sería que no nos quisiéramos nada; yo creo que me sería más fácil

die Zigarre nicht hier ab. Setz dich, komm, setz dich schon. Du kannst dir wohl vorstellen, warum ich dich so eigenartig herbestellt habe.

Pepe Ja, ich kann es mir vorstellen.

Luisa Du stellst es dir nicht vor, du weißt... daß mein Vater und deiner in diesem Augenblick zusammensitzen.

Pepe In diesem Augenblick?

Luisa Ja, sie haben sich im Arbeitszimmer eingeschlossen. Und es war unbedingt notwendig, daß wir vorher zusammenkamen, allein, in aller Freiheit, um uns einig zu werden. Da drüben fassen unsere Väter ihre Beschlüsse; sie glauben, sie könnten über unsere Zukunft entscheiden und über unser Herz verfügen. Du weißt ja: sie wollen uns verheiraten.

Pepe Ja. Vater hat schon immer zu mir gesagt: «Geheiratet wird in der Familie; da ist die Wahrscheinlichkeit größer, es richtig zu treffen. In unserer Familie haben wir großartige Mädchen; du brauchst dir nur eine Kusine auszusuchen.» Aber, ganz offen gesagt, weil es von euch zwanzig und mehr in der Familie gibt, war es unmöglich, eine herauszusuchen...

Luisa Bei meinem Vater war es auch immer dasselbe Lied; aber weil es in der Familie nur dich als heiratsfähigen Vetter gab, wußte ich gleich, daß du der bewußte Vetter warst, wenn Vater zu mir sagte: «Du mußt einen von deinen Vettern heiraten.» Du wirst einsehen, daß es ein großer Unterschied ist, ob man zwischen zwanzig und mehr wählen kann oder überhaupt keine Auswahl hat... Aber davon abgesehen ist die Ansicht unserer Väter überhaupt lächerlich. Warum sollten wir uns heiraten? Liebst du mich? Liebe ich dich? Natürlich lieben wir uns..., eben nur so, als gute Verwandte... Und das ist ja gerade das Schlimme. Es wäre besser, wenn wir uns gar nicht liebten. Ich glaube, es würde mir leichter

quererte mucho de pronto no habiéndote querido nunca nada... Pero pensar ahora: «¡Ea!, voy a quererle más, debo quererle más.» ¿Por qué voy a quererte hoy más de lo que te quería ayer? Y, francamente, queriéndote hoy como te quería ayer, es un disparate que piensen que nos casemos mañana.

Pepe Sí, es expuesto.

Luisa Y vamos a ver: ¿qué te ha dicho tu padre? Supongo que antes de decidirse a hablar con el mío seriamente te habrá dicho algo.

Pepe Me ha dicho lo que me dice siempre que se enfada conmigo, cuando le pido dinero, cuando paga mis cuentas: «Ya es hora de que acaben las locuras.» Papá llama locuras a las cuentas de quinientas pesetas para arriba... Ya ves, ésas son locuras del sastre, del camisero... «Es preciso que pienses en casarte...»

Luisa Eso es; cuando el señorito da guerra en casa...

Pepe Y tu padre, ¿cuándo piensa casarte a ti?

Luisa ¡Ay! Siempre que nos toca el turno del Real y le obligo a dejar su partida de tresillo. Lo que es las noches de tercer turno, no le importaría verme casada con cualquiera. Y en papá se comprende ese afán... Viudo, con sus ocupaciones... Yo no puedo soportar a las ayas, ni a las señoras de compañía; así es que vivo sacrificada, porque papá sólo se presta a acompañarme al teatro Real; eso sí, las noches que cantan «La Walkyria» ¡me da una lástima!

fallen, dich plötzlich sehr zu lieben, wenn ich dich überhaupt nie geliebt hätte. Aber sich nun vorzunehmen: «Also gut. Ich will ihn jetzt mehr lieben, ich muß ihn mehr lieben»... Wieso sollte ich dich heute mehr lieben, als ich dich gestern geliebt habe? Und da ich dich, offen gesagt, heute nur ebenso liebe, wie ich dich gestern geliebt habe, ist es doch ein Unsinn, wenn sie uns morgen verheiraten wollen.

PEPE Ja, das ist ganz klar.

LUISA Mal sehen: was hat dein Vater zu dir gesagt? Ich nehme doch an, daß er etwas zu dir gesagt hat, bevor er sich entschlossen hat, mit meinem Vater zu sprechen.

PEPE Er hat zu mir gesagt, was er immer sagt, wenn er wütend auf mich ist, wenn ich ihn um Geld bitte oder er meine Rechnungen bezahlt: «Höchste Zeit, daß die Dummheiten aufhören.» Dummheiten nennt Vater alle Rechnungen über fünfhundert Peseten. Verstehst du, das sind so Dummheiten beim Schneider oder beim Wäschegeschäft. «Du mußt allmählich ans Heiraten denken...»

LUISA Da haben wir's. Wenn der Herr Sohn daheim lästig fällt...

PEPE Und dein Vater? Wann möchte der dich verheiraten?

LUISA Ach, immer wenn wir mit dem Abonnement im Real-Theater an der Reihe sind und ich ihn zwinge, seine Partie Karten ausfallen zu lassen. An den Abenden, wenn das C-Abonnement an die Reihe kommt, ist es ihm schon gleich, mit wem, wenn ich nur überhaupt verheiratet wäre. Und bei Vater kann man diesen Wunsch verstehen. Als Witwer, und so beschäftigt wie er ist... Ich kann keine Kinderfrauen und keine Gesellschafterinnen vertragen. So bin ich immer die Leidtragende; denn Vater ist nur bereit, mit mir ins Real zu gehen, und an den Abenden, wenn die «Walküre» gegeben wird, tut er mir so leid!

Pepe Sí, tú, la verdad, sola con tu padre desde muy niña, ya debías haberte casado...

Luisa ¿Ya? No dirás tú, como papá, que me estoy pasando...

Pepe ¡Qué disparate!

Luisa No; es que como me pusieron de largo muy pronto, porque di un estirón a los catorce años, la gente cree que tengo más edad. Pero tú sabes...

Pepe ¡Ay, si lo sé! Soy un viejo, comparado contigo.

Luisa Viejo, no; pero no estás para perder el tiempo. Nuestros padres tienen razón: debemos casarnos; pero cada uno por su lado. ¿No te parece? No es que yo sea romántica (en toda mi vida habré leído dos novelas), ni que yo sueñe con ideales, ni con príncipes encantados; pero estas bodas, arregladas en familia, me parecen bodas de interés, de conveniencia... Un poco de poesía nunca está de más... Sobre todo, que de nosotros se puede decir que no nos conocemos. ¿Qué sabes tú de mí? ¿Qué sé yo de ti? Ni me ha importado nunca saberlo. ¿Sabes siquiera si yo he tenido algún novio?

Pepe No, que yo sepa, y hemos ido juntos alguna vez a bailes y hemos pasado juntos todo un verano.

Luisa Pues entonces tenía yo novio, ya ves, y ni siquiera te enteraste; eso prueba lo que te importaba.

Pepe ¡Ah, sí, aquel majadero!... ¿Cómo había de importarme?

Pepe Ja, du, seit frühester Jugend so ganz allein mit deinem Vater, du hättest wirklich schon heiraten sollen.

Luisa Schon? Du wirst doch wohl nicht wie Vater behaupten, daß ich überständig werde.

Pepe Was für ein Unsinn.

Luisa Nein. Weil sie mich sehr früh aus dem Hause gegeben haben, und weil ich mit vierzehn Jahren einen Ruck getan habe, halten mich alle für älter. Aber du weißt ja ...

Pepe Und ob ich es weiß. Mit dir verglichen bin ich ein alter Mann.

Luisa Alt nicht, aber Zeit hast du nicht mehr zu verlieren. Unsere Väter haben recht: wir sollten heiraten. Aber jeder für sich. Findest du nicht auch? Nicht, daß ich romantisch veranlagt wäre (ich habe in meinem ganzen Leben vielleicht zwei Romane gelesen), ich träume auch nicht vom idealen Mann oder vom verzauberten Prinzen; aber diese in der Familie abgesprochenen Hochzeiten sind für mich Nutzhochzeiten, Vernunfthochzeiten. Ein wenig Poesie kann nie schaden. Vor allem aber kann man von uns zwei doch sagen, daß wir uns überhaupt nicht kennen. Was weißt du von mir? Was weiß ich von dir? Ich habe mich nie dafür interessiert. Weißt du wenigstens, ob ich schon einmal einen festen Freund gehabt habe?

Pepe Nicht daß ich wüßte, und wir sind immerhin ein paarmal zusammen auf Bälle gegangen und haben einen Sommer zusammen verbracht.

Luisa Siehst du, gerade damals hatte ich einen Freund, und du hast es nicht einmal bemerkt. Das beweist doch, wie enorm du dich für mich interessiert hast.

Pepe Ach so, den Schafskopf da! Wie sollte mich der interessieren?

Luisa   Pues si me hubieras querido como pariente siquiera, debía haberte importado que yo tuviera relaciones con un majadero.

Pepe   Estaba seguro de que tienes demasiado talento para conocerlo y no para casarte con él...

Luisa   Muchas gracias; pero sigues equivocado; estaba enamoradilla de él, y él de mí, no se diga; ¡y si vieras, cuando un hombre se enamora de verdad, qué difícil es distinguir a un majadero de un hombre de talento!...

Pepe   No es verdad; un tonto no puede querer como una persona de talento, ni se le puede querer lo mismo.

Luisa   ¿Por qué no? Mira, a las mujeres lo que nos halaga es que, por nuestro cariño, se transformen los hombres en otros. El cariño es siempre revolucionario, y para el caso lo mismo da que diga la gente: «Fulanito, que era tan simple, cómo se va avispando desde que usted le quiere.» O que diga: «Menganito, un hombre de tanto talento, ¡qué tonterías hace desde que se ha enamorado de usted!» Por eso yo no me casaría con un santo... ¿Qué iba yo a cambiar en un santo! Pero un hombre, así..., algo extraviado..., que se dejara convertir poco a poco. ¡Qué bonito! Querer a un hombre, casarse con él y, al poco tiempo, que aquel hombre sea otro hombre...

Pepe   Un marido de gran espectáculo, con mutaciones.

Luisa   Ahí tienes lo que me parece imposible contigo: porque tú no eres bueno ni malo, no tienes

LUISA Das ist es ja: wenn du mich wenigstens als Verwandte geliebt hättest, hätte es dich interessieren müssen, daß ich mich mit einem Schafskopf einließ.

PEPE Ich war überzeugt, daß du reichlich klug genug sein würdest, um ihn zwar kennenzulernen, aber nicht zu heiraten.

LUISA Vielen Dank, aber du bist weiter im Irrtum: ich war entsetzlich verliebt in ihn, und er in mich, gar nicht zu sagen wie. Und wenn du wüßtest, wie schwer es ist, bei einem wirklich verliebten Mann festzustellen, ob er ein Schafskopf oder ein kluger Mensch ist!

PEPE Das stimmt nicht; ein Trottel kann nicht so lieben wie ein kluger Mensch, und umgekehrt kann man auch ihn nicht so lieben.

LUISA Warum nicht? Sieh mal, für uns Frauen ist es immer schmeichelhaft, wenn sich die Männer durch unsere Liebe verwandeln. Die Liebe ist immer revolutionär, und es ist in diesem Falle ganz gleich, ob die Leute sagen: «Derundder war ein so einfältiger Mensch, aber wie wacht er jetzt plötzlich auf, seit Sie ihn lieben», oder ob sie sagen: «Der Dingsda, so ein kluger Mensch, was macht er nur für Dummheiten, seit er in Sie verliebt ist!» Deshalb würde ich nie einen Heiligen heiraten. Was könnte ich an einem Heiligen schon verändern! Aber ein Mann, der so... ein bißchen auf Abwege geraten ist..., und der sich nach und nach zum Besseren wandeln ließe... Das wäre schön! Einen Mann lieben, ihn heiraten, und daß dieser Mann nach kurzer Zeit ein anderer wird...

PEPE Also ein ganz aufsehenerregender Ehemann mit großen Veränderungen.

LUISA Das ist es eben, was mir bei dir unmöglich vorkommt: denn du bist weder gut noch schlecht, du hast keine großen

grandes defectos ni grandes virtudes. ¿Estoy equivocada?

Pepe ¡Quién sabe, quién sabe!

Luisa No; me parece que contigo no hay sorpresas...

Pepe ¡Quién sabe, quién sabe!

Luisa ¿De veras? ¿No eres lo que pareces?

Pepe ¡Quién sabe, quién sabe!

Luisa ¡Ay! No seas pesado; dime ese secreto...

Pepe Si yo no tengo secretos; digo, ¡quién sabe! porque yo no sé nada.

Luisa Pero tú, ¿no has querido nunca?

Pepe Alguna vez.

Luisa ¿Novia formal?

Pepe No, muy loca.

Luisa Digo pensando en casarte.

Pepe Pensándolo mucho.

Luisa Y ¿por qué la dejaste?

Pepe Porque me enteré de que quería a otro.

Luisa Entonces di que la que te dejó fué ella.

Pepe No, ella no quería dejarme; estaba también por las mutaciones, pero por otro sistema.

Luisa ¿Y sentiste mucho aquel desengaño?

Pepe ¡Ya lo creo! Fué cuando pasé aquella temporada en París para distraerme.

Luisa Sí, es verdad. Vaya, vaya, pareció la novelita.

Fehler und auch keine großen Tugenden. Oder sollte ich mich irren?

PEPE Wer weiß, wer weiß!

LUISA Nein, bei dir kann es, glaube ich, keine Überraschungen geben.

PEPE Wer weiß, wer weiß!

LUISA Wirklich? Bist du anders als du scheinst?

PEPE Wer weiß, wer weiß!

LUISA Ach, sei doch nicht blöd. Sag mir dein Geheimnis.

PEPE Aber ich habe keine Geheimnisse. Ich sage nur: wer weiß! weil ich es wirklich nicht weiß.

LUISA Aber hast du denn noch nie geliebt?

PEPE Mehrmals.

LUISA Eine ernsthafte Freundin?

PEPE Nein, ziemlich närrisch.

LUISA Ich meine, mit Heiratsabsichten.

PEPE Mit großen Absichten.

LUISA Und warum hast du sie verlassen?

PEPE Weil ich merkte, daß sie einen anderen liebte.

LUISA Dann gib nur zu, daß sie dich verlassen hat.

PEPE Nein, sie wollte mich nicht verlassen; sie war wie du für die großen Veränderungen, aber auf andere Weise.

LUISA Und hast du sehr unter der Enttäuschung gelitten?

PEPE Das möchte ich meinen! Das war, als ich eine Zeitlang nach Paris ging, um auf andere Gedanken zu kommen.

LUISA Ja richtig. Alle Achtung, das war ja der reinste Roman damals.

Pepe Cuando tío Ramón fué a buscarme, comisionado por papá, porque le habían dicho que yo tenía allí amores.

Luisa ¡Qué gracioso! Con una francesa... Y tío Ramón, quieras que no, te trajo de una orejita...

Pepe A mí, no; adoptó el sistema más práctico, se la trajo a ella... En el teatro Japonés la tienes cantando.

Luisa ¡Pobrecito! Todas te dejan... Debes tener el corazón destrozado...

Pepe No lo creas, fortalecido. Mis equivocaciones en la vida han sido engaños, no desengaños, y no me han entristecido ni me han vuelto desconfiado siquiera. Mi corazón está abierto de par en par.

Luisa Esperando el cariño soñado, el ideal... ¿No es eso?

Pepe Yo nunca he creído que el cariño sea la felicidad por sí solo; nos lleva dulcemente de la mano hasta la entrada; pero después el camino es penoso, y el amor, débil niño, tiene que transformarse en algo más serio, más fuerte, para seguir adelante, en deber, en sacrificio...

Luisa Está muy bien eso que dices... ¡Primera sorpresa!

Pepe ¡Bah! Tantas sorpresas podría darte, y tú a mí, y los dos a nosotros mismos... ¿Qué sabemos de la vida? ¿Cómo nos han educado? Con el sistema de los padres de España: de considerar a los hijos siempre como chiquillos; yo, en mi casa, soy siempre Pepito; tú Luisita, siempre para tu

PEPE Onkel Ramón kam dann im Auftrage von Vater, um mich zu holen, weil man ihm erzählt hatte, daß ich dort Liebesgeschichten hätte.

LUISA Wie herrlich! Mit einer Französin! Und wetten, daß Onkel Ramón dich am Ohrzipfel hergeholt hat?

PEPE Mich nicht; er entschloß sich zu der praktischeren Methode und holte *sie* her. Im Japanischen Theater kannst du sie singen hören.

LUISA Du Ärmster! Alle lassen sie dich im Stich. Dein Herz muß ja in Stücke zerrissen sein.

PEPE Im Gegenteil, stärker ist es geworden. Meine Irrtümer im Leben waren Täuschungen, keine Enttäuschungen, und sie haben mich nicht traurig, geschweige denn mißtrauisch gemacht. Mein Herz steht sperrangelweit offen.

LUISA Und wartet auf die Liebe deiner Träume, auf die ideale Frau. Nicht wahr?

PEPE Ich habe nie geglaubt, daß die Liebe schon für sich allein das Glück ist; sie führt uns sanft an der Hand bis zum Eingang, aber dann wird der Weg mühsam, und die Liebe, das schwache Kind, muß sich in etwas Ernsthafteres, Stärkeres verwandeln, um weiterzukommen, in Pflichtgefühl, in Opferbereitschaft.

LUISA Das ist schön, was du da sagst. Schon mal eine Überraschung!

PEPE Na weißt du, da könnte ich dir noch viele Überraschungen bieten, und du mir, und wir beide uns selber ... Was wissen wir denn schon vom Leben? Wie hat man uns denn erzogen? Nach der Methode aller spanischen Eltern: man betrachtet die Söhne ewig als kleine Kinder. Bei mir daheim bin ich immer noch Pepito, und du bist für deinen Vater immer

padre; dos chiquillos de quien sólo se espera alguna travesura, de quien nada se toma en serio; nuestros caprichos, más o menos discutidos, satisfechos siempre; niños mimados por nuestros padres, mal dispuestos a ser maltratados por los demás en la vida. Cuando empecemos a vivir con nosotros mismos, pecaremos de osados o de tímidos; no sabremos ir con la tranquila seguridad que da la confianza en sí mismos porque nuestros padres nos han dicho: «No seas así», o «Debes ser así»; pero «Así eres», nunca. Yo no sé cómo soy, y a ti te pasará lo mismo.

Luisa Tienes mucha razón. No nos enseñan a conocernos. Y ahora, porque a nuestros padres se les antoja que todo se quede en casa, porque nos juzgan, además, incapaces de elegir por nosotros mismos, nos dicen, sin más ni más: «A casaros», y, de buenas a primeras, novios un par de meses, y asunto concluído, y después desgraciados para toda la vida... Si no estuviéramos de acuerdo para oponernos... Yo te confieso que no seré la primera en decir que no; tú debes ser quien...

Pepe Me opondré.

Luisa Dices que soy muy buena, muy bonita, todo lo que quieras; pero que no soy la mujer soñada... Tú tendrás tu ideal, como todo el mundo. A propósito, ¿cómo es tu ideal?

Pepe ¿Mi ideal? ¿Para mujer propia? Vas a reírte.

Luisa ¿Rubia? ¿Morena? ¿Alta? ¿Bajita?

Pepe No lo sé. Va vestida de gris; es lo único que puedo decirte.

noch Luisita; zwei kleine Kinder, von denen man nur dumme Streiche erwartet und von denen man nichts ernst nimmt. Unsere Wünsche werden mehr oder weniger diskutiert, aber immer erfüllt. Wir sind von unseren Eltern verzogene Kinder und schlecht darauf vorbereitet, im Leben von der Umwelt hart angefaßt zu werden. Wenn wir einmal allein leben sollten, werden wir uns zu kühn oder zu schüchtern verhalten. Wir werden nicht mit der ruhigen Sicherheit durchs Leben gehen können, die ein gewisses Selbstvertrauen einem schenkt, und das nur, weil unsere Eltern uns dauernd vorgehalten haben: «So darfst du nicht sein», oder: «So mußt du sein», aber niemals: «So bist du.» Ich weiß nicht, wie ich bin, und dir wird es ähnlich gehen.

LUISA Du hast ganz recht. Wir lernen nicht, uns selbst zu erkennen. Und weil unsere Väter es sich so schön ausmalen, daß alles Geld in der Familie bleiben kann, und weil sie uns außerdem nicht zutrauen, selbst unsere Wahl zu treffen, sagen sie uns nun so mir nichts dir nichts: «Jetzt wird geheiratet!» Und hast du nicht gesehen, ein paar Monate verlobt, schon ist die Sache abgemacht, schon sind wir unglücklich fürs ganze Leben. Wenn wir uns nicht einig wären, dagegen anzugehen ... Ich muß dir gestehen, daß ich nicht als erste nein sagen möchte; du mußt derjenige sein, der ...

PEPE Ich werde ablehnen.

LUISA Du kannst ja sagen, daß ich sehr nett bin, sehr hübsch, was du willst; aber ich bin eben nicht die Frau deiner Träume. Du darfst schließlich auch deinen Typ haben, wie alle Leute. Übrigens, was ist eigentlich dein Typ?

PEPE Mein Typ? Als Ehefrau? Du wirst lachen.

LUISA Blond? Dunkel? Groß? Klein?

PEPE Ich weiß nicht. Sie ist grau angezogen, das ist alles, was ich dir sagen kann.

Luisa ¡Qué chifladura!

Pepe Como en un cromo inglés que vi hace muchos años: una de esas escenas plácidas de pintura inglesa; una muchacha vestida de gris, que preparaba el «pudding» de Navidad, y a su lado, sentado, un joven, el esposo o el prometido, y alrededor unos gatos, y en el fondo, unos viejos leyendo la Biblia; y al otro lado, por una puerta abierta a un jardín, unos niños muy rubios, jugando. Había no sé qué en aquel cromo, la escena, el color, un tono general que lo envolvía todo, el color de la dicha a que puede aspirarse en este mundo.

Luisa ¿Color de rosa?

Pepe No, agrisado: un tono muy dulce; la dicha que se sueña, sí es de color de rosa; la que puede lograrse, la de la vida, es siempre gris, el color de la melancolía resignada, de la tristeza bondadosa que sonríe y perdona y ama.

Luisa Yo tengo un vestido gris, no sé si será de ese tono exacto; me lo pondré un día para parecerme a tu cromo inglés, digo, a tu ideal; será en lo único que me parezca.

Pepe Y yo, ¿qué he de hacer para parecerme a tu ideal?...

Luisa ¿A mi marido ideal? ¡Ay! Yo sé perfectamente cómo no ha de ser; pero cómo ha de ser..., no sabría decirlo.

Pepe Y ¿cómo no ha de ser?

Luisa De muchos modos. No creas, los defectos grandes no me asustan tanto como los pequeños,

LUISA   Was für ein Unsinn!

PEPE   So wie auf einem englischen Farbdruck, den ich vor vielen Jahren gesehen habe: eine von diesen traulichen Szenen in der englischen Malerei. Ein Mädchen in Grau, das den Plumpudding für Weihnachten zubereitet, neben ihr auf einem Stuhl ein junger Mann, ihr Gatte oder ihr Verlobter, drumherum ein paar Katzen, im Hintergrund ein paar alte Leute, die in der Bibel lesen, und auf der anderen Seite, hinter einer Tür, die zum Garten führt, ein paar sehr blonde Kinder beim Spielen. Dieser Farbdruck hatte irgendetwas, die Szene, die Farbe, eine Stimmung über dem ganzen — der Farbton des Glücks, wie man es sich in dieser Welt nur erträumen kann.

LUISA   Ein rosa Farbton?

PEPE   Nein, ins Graue spielend, ein sehr lieblicher Ton. Das Glück, von dem man träumt, ist rosa, da hast du recht; aber das in Reichweite liegende, das Glück des täglichen Lebens, ist immer grau — die Farbe der einsichtigen Melancholie, der gütigen Traurigkeit, die lächelt und verzeiht und liebt.

LUISA   Ich habe ein graues Kleid, ich weiß allerdings nicht, ob es genau die Farbe hat; ich werde es einmal anziehen, damit ich deinem englischen Farbdruck, oder besser deinem Typ ähnlich sehe; das wird aber auch die einzige Ähnlichkeit sein.

PEPE   Und ich, was muß ich tun, um deinem Typ ähnlich zu sehen?

LUISA   Meinem idealen Ehemann? Oh je — ich weiß genau, wie er nicht sein soll, aber wie er sein soll ... Das könnte ich nicht sagen.

PEPE   Und wie soll er nicht sein?

LUISA   Da gibt es viel. Nicht, was du vielleicht denkst — die großen Fehler machen mich weniger bange als die kleinen,

esos defectillos que hasta parecen gracias y son los más peligrosos para la intimidad de toda la vida. Por ejemplo: yo tengo una amiga que se ha casado con un muchacho ejemplar, un modelo, todo el mundo lo dice; pues el otro día estuvieron aquí de visita, y por un solo detalle me atrevo a pronosticar que no serían felices. Verás, parece una tontería; el marido le dijo a su mujer: «Merceditas, llevas un descosido.» Y se lo dijo de un modo que indicaba que en aquel matrimonio el marido sería siempre el primero que viera los descosidos.

Pepe ¡Qué gracioso!

Luisa Es que aquello solo indicaba un cambio de papeles muy antipático. ¿Pues qué me dices cuando en un matrimonio es el marido el que tiene que advertir que se gasta mucho? ¡Qué cosa más fea cuando la mujer está a todas horas: «Yo compraría esto, yo tendría esto otro»; y el marido: «Que la vida es muy cara, que no podemos gastar tanto...» En cambio, hay nada más bonito para una mujer que, sin pedir nunca nada, verse obsequiada por su marido de cuando en cuando con cualquier regalito, y, disimulando mal la alegría, reprenderle cariñosa: «¿Por qué has comprado esto? No estamos para gastos; te habrán llevado un dineral, y es de muy buen gusto», aunque sea un mamarracho y sepamos que le ha costado tres pesetas.

Pepe Sabes mucho...

Luisa Es mi sistema con papá, y así consigo que siempre me esté regalando, algunas veces cosas

diese Fehlerchen, die fast liebenswürdig erscheinen und doch die gefährlichsten sind für ein lebenslanges Zusammensein. Ein Beispiel: ich habe eine Freundin, die einen musterhaften jungen Mann geheiratet hat, einen Ausbund aller Tugenden, jeder sagt das. Aber neulich waren sie bei uns zu Besuch, und auf eine einzige Kleinigkeit hin wage ich zu behaupten, daß sie nicht glücklich werden. Hör zu, es klingt lächerlich, aber der junge Mann sagte zu seiner Frau: «Merceditas, dir ist da eine Naht aufgegangen.» Und das sagte er in einem Ton, der erkennen ließ, daß in dieser Ehe immer der Mann als erster die aufgegangenen Nähte sehen wird.

PEPE Na hör mal!

LUISA Das war schon allein ein Zeichen für eine unsympathische Art, die Rollen zu vertauschen. Und was hältst du von einer Ehe, in der es der Ehemann ist, der darauf hinweisen muß, daß zuviel Geld ausgegeben wird? Was ist häßlicher, als wenn die Frau dauernd bohrt: «Das möchte ich kaufen, das würde ich gerne haben», und der Mann erklärt: «Das Leben ist teuer, soviel können wir nicht ausgeben.» Dagegen — was gibt es Schöneres für eine Frau, als wenn sie, ohne jemals um etwas bitten zu müssen, von Zeit zu Zeit von ihrem Mann mit einem kleinen Geschenk überrascht wird, und wenn sie ihm mit schlecht verhohlener Freude liebevolle Vorwürfe macht: «Warum hast du das gekauft? Solche Ausgaben können wir uns doch nicht leisten. Bestimmt haben sie dir viel Geld dafür abgenommen, denn es ist wirklich ganz besonders hübsch», auch wenn es vielleicht eine Nichtigkeit ist und sie weiß, daß es ihn drei Groschen gekostet hat.

PEPE Du weißt ja allerhand ...

LUISA Das ist meine Methode mit Vater, und auf die Weise erreiche ich, daß er mir dauernd etwas schenkt, furchtbare

horribles; pero ¡líbreme Dios de decírselo! Y lo mismo haría con mi marido. Hay mujeres tan mal educadas que cambian en las tiendas los regalos que les traen sus pobrecitos maridos, tan ufanos, creyéndolos del mejor gusto... Tú dirás que en qué cosas me fijo y a qué detalles doy importancia...

Pepe No, no; estamos conformes... Yo también doy mucha importancia a los detalles... y pienso como tú...

Luisa Así comprenderás que no estaba dispuesta a casarme contigo ni con nadie, sólo por complacer a papá.

Pepe Ni yo contigo; puedes creerlo.

Luisa Creían, porque a ellos les conviniera... Afortunadamente, verán que los dos estamos de acuerdo, y no habrá desaire por parte de ninguno.

Pepe Por mi parte, nunca lo hubiera habido; me hubiera presentado aquí como novio por no contrariar a papá, y hubiera hecho todo lo posible por parecerte mal.

Luisa Pues hubiera sido un noviazgo famoso, porque yo pensaba también parecerte insoportable.

Pepe Afortunadamente, has tenido una gran idea; después de esta entrevista...

Luisa ¿No era lo mejor? Hablar claro; hablando se entiende la gente; ya lo has visto; hablando aquí, a solas, sin fingimientos, dejándonos llevar de la conversación, sin querer...

Sachen manchmal; aber ich sage es ihm nicht, Gott behüte! Und ebenso würde ich es mit meinem Mann halten. Es gibt Frauen mit so schlechter Kinderstube, daß sie im Laden die Geschenke umtauschen, die ihnen ihre armen Männer mitbringen, die so stolz sind und glauben, sie hätten etwas besonders Hübsches gefunden. Du wirst sagen, auf was für Sachen ich achte, und auf was für Kleinigkeiten ich Wert lege...

Pepe Nein, nein, wir sind ganz einer Meinung. Ich lege auch viel Wert auf Kleinigkeiten. Ich denke da wie du.

Luisa Dann wirst du auch verstehen, daß ich mich nicht mit dir oder sonst irgendjemandem verheiraten wollte, nur um Vater einen Gefallen zu tun.

Pepe Und ich nicht mit dir, das kannst du mir glauben.

Luisa Sie haben gemeint, weil es ihnen so passen würde... Zum Glück werden sie merken, daß wir beide uns einig sind, und so braucht es auf keiner Seite Ärger zu geben.

Pepe Von mir aus hätte es sowieso keinen gegeben; ich hätte mich hier als Bewerber vorgestellt, um Vater nicht zu widersprechen, und dann hätte ich alles getan, um dir zu mißfallen.

Luisa Das wäre ja eine schöne Verlobungszeit geworden — ich habe nämlich auch vorgehabt, unausstehlich auf dich zu wirken.

Pepe Zum Glück hast du diesen großartigen Einfall gehabt; nach dieser Unterredung...

Luisa War es so nicht am besten? Man muß nur offen reden; wenn man miteinander redet, versteht man sich gleich, du hast es ja selbst gesehen; wir haben hier unter vier Augen gesprochen, ohne uns zu verstellen, haben uns vom Gespräch treiben lassen, ungewollt...

Pepe Y sin querernos... he descubierto que tengo una prima encantadora.

Luisa Y yo, que tengo un primo muy simpático y muy razonable, que piensa como yo en muchas cosas de la vida.

Pepe. Es que piensas muy bien en todo.

Luisa De manera que nuestros padres, si no consiguen lo que se proponen, han conseguido algo mejor para nosotros: que desde hoy nos estimemos de verdad; cuando antes, a mí, te lo confieso, me eras indiferente, muy indiferente.

Pepe Como tú a mí.

Luisa ¡Y querían casarnos!

Pepe Ya ves, ¿cómo era posible?

Luisa Me parece que nunca se habrá descompuesto una boda más amistosamente.

Pepe De seguro que, casándonos, no estaríamos tan contentos el uno del otro.

Luisa Ya quisiera yo, si algún día me caso, que mi marido se parezca a ti en algo.

Pepe Y yo, que mi mujer se parezca a ti en todo.

Luisa ¿De veras?... ¿De qué te ríes?

Pepe Pero ¿te has fijado en lo que estamos diciendo?

Luisa ¿Eh?... Pues es verdad. Pero ¡qué tontos! ¡Qué tontos! Ahora resulta que casi nos hemos enamorado el uno del otro.

PEPE Und obwohl wir uns nicht lieben, habe ich entdeckt, daß ich eine bezaubernde Kusine habe.

LUISA Und ich, daß ich einen sehr netten und sehr vernünftigen Vetter habe, der in vielen Dingen des Lebens dieselben Ansichten hat wie ich.

PEPE Weil du in allem sehr vernünftige Ansichten hast.

LUISA So daß also unsere Väter, wenn sie schon nicht erreichen, was sie vorhaben, für uns doch etwas viel Besseres erreicht haben: daß wir uns ab heute wirklich gern leiden mögen. Dabei warst du mir, ehrlich gesagt, früher gleichgültig, völlig gleichgültig.

PEPE So wie du mir.

LUISA Und uns wollten sie verheiraten!

PEPE Ja eben, wie war das nur möglich?

LUISA Ich glaube, auf so freundschaftliche Art ist noch nie eine Hochzeit in die Brüche gegangen.

PEPE Wenn wir geheiratet hätten, wären wir bestimmt nicht so zufrieden miteinander.

LUISA Wenn ich eines Tages mal heirate, wäre ich froh, wenn mein Mann dir ein bißchen gleichen würde.

PEPE Und ich, wenn meine Frau dir ganz und gar gleichen würde.

LUISA Wirklich? ... Worüber lachst du?

PEPE Aber, merkst du denn gar nicht, was wir da sagen?

LUISA Wie? ... Ja wirklich. Was sind wir doch für Dummköpfe! Was für Dummköpfe! Jetzt haben wir uns noch beinahe ineinander verliebt.

Pepe Y que, en vista de eso, decidimos no casarnos... ¿Qué te parece? Es gracioso...

Luisa Sí; es gracioso...

ESCENA II

Dichos y la Doncella

Doncella ¡Señorita! Su tío de usted sale en este momento del despacho.

Pepe Ha terminado la conferencia.

Luisa Y nuestra conspiración. En cuanto baje tu padre la escalera, sales por aquí. Papá vendrá en seguida a darme cuenta del resultado de la entrevista. ¡Si supiera!...

Doncella Han cerrado la puerta de la calle.

Luisa Pues anda... vete...

Pepe Yo quisiera saber, ya que estoy aquí... ¿No podría esperar?

Luisa Si papá te ve...

Doncella Sí, en mi cuarto; venga usted.

Luisa No, no; si lo ve alguien...

Doncella Descuide usted, señorita. Diré que ha venido por mí..., y lo creerán.

Luisa Pronto; papá viene.

Doncella Venga usted...

Salen Pepe y la Doncella

PEPE Und angesichts dessen sind wir entschlossen, uns nicht zu heiraten. Was sagst du dazu? Eine schöne Bescherung...

LUISA Ja, eine schöne Bescherung...

ZWEITER AUFTRITT

Dieselben und die Zofe

DIE ZOFE Fräulein! Ihr Onkel geht eben aus dem Herrenzimmer.

PEPE Die Unterredung ist aus.

LUISA Und unsere Verschwörung auch. Sobald dein Vater die Treppe heruntergeht, verläßt du dieses Zimmer. Mein Vater kommt nämlich bestimmt gleich, um mir das Ergebnis der Unterredung mitzuteilen. Wenn er wüßte!

DIE ZOFE Eben ist die Haustür zugegangen.

LUISA Also los. Geh schon.

PEPE Ich möchte gern wissen, solange ich noch hier bin . . . Darf ich mir keine Hoffnung machen?

LUISA Wenn Vater dich sieht . . .

DIE ZOFE Ja, kommen Sie, in mein Zimmer.

LUISA Nein, nein, wenn es einer sieht...

DIE ZOFE Machen Sie sich keine Sorgen, Fräulein. Ich sage, daß er zu mir gekommen ist, und sie werden es glauben.

LUISA Schnell, Vater kommt.

DIE ZOFE Kommen Sie . . .

Pepe und die Zofe ab

ESCENA III

Luisa, Don Manuel y, después, Pepe

Luisa ¿Qué tienes, papá? ¿No me contestas? Yo creí que tendrías que hablarme...

Manuel No.

Luisa ¿No estaba tío Carlos contigo?

Manuel Sí.

Luisa ¿A qué ha venido tan temprano?

Manuel A nada.

Luisa ¿Estás seguro? Vaya, papá, lo que te sucede es que tienes que decirme muchas cosas y no sabes cómo empezar.

Manuel No tengo que decirte nada. Y, sobre todo, no vuelvas a mentar a tu tío. ¡Ha muerto para mí!

Luisa Entonces..., mi primo Pepe...

Manuel Ha muerto también.

Luisa Te advierto que hoy es turno tercero.

Manuel ¿Y qué?

Luisa Nada; que con tanto luto en la familia no me parece bien que vayamos al teatro.

Manuel ¡Turno tercero! ¡Turno tercero! ¡No me importa! Desde hoy te acompañaré todas las noches al teatro, te divertirás, nos divertiremos. No estés triste, hija mía. ¿Se creerá tu tío que no hay más hombre que tu primo?

DRITTER AUFTRITT

Luisa, Don Manuel und später Pepe

LUISA Was hast du, Vater? Warum sagst du nichts? Ich dachte, du wolltest mir etwas sagen...

MANUEL Nein.

LUISA War nicht Onkel Carlos bei dir?

MANUEL Ja.

LUISA Weshalb ist er so früh am Morgen gekommen?

MANUEL Wegen nichts.

LUISA Wirklich? Komm schon, Vater, du hast mir ganz einfach viele Dinge zu sagen und weißt nicht, wo du anfangen sollst.

MANUEL Nichts habe ich dir zu sagen. Und vor allem sprich mir nicht mehr von deinem Onkel. Der ist für mich tot und gestorben!

LUISA Aber dann... mein Vetter Pepe...

MANUEL Der ist auch gestorben.

LUISA Vergiß nicht, daß heute C-Abonnement ist.

MANUEL Na und?

LUISA Nichts; bei so vielen Trauerfällen in der Familie halte ich es nicht für schicklich, ins Theater zu gehen.

MANUEL C-Abonnement! C-Abonnement! Es kommt mir nicht mehr darauf an. Von heute an werde ich jeden Abend mit dir ins Theater gehen, du wirst dich amüsieren, wir beide werden uns amüsieren. Sei nicht traurig, mein Kind. Dein Onkel bildet sich doch wohl nicht ein, daß dein Vetter der einzige Mann auf der Welt ist!

Luisa   Pero es que...

Manuel   ¡Y por cuestión de intereses! ¡Qué falta de decoro! Cuando yo, haciendo un sacrificio y por tratarse de ellos, te dotaba con mis dos mejores fincas y algo de papel y unos créditos que pueden cobrarse, ¿con qué dirás que se descuelga tu tío? Con que él no se desprende de nada, que os pasará un tanto, pero nada más. Conozco yo los tantos de tu tío: os lo pasaría un mes, ¡viejo avariento!, y después os dejaría morir de hambre. Porque yo os doy lo suficiente para la casa, y el coche, y los viajes de verano; pero, si él no os da nada, no tendréis qué comer. Y ¿cómo vais a vivir sin comer?

Luisa   Es verdad; sin comer y con coche... ¿De modo que habéis regañado?

Manuel   ¡No tienes idea! Le he dicho lo que pensaba de él hace mucho tiempo y del botarate de su hijo...

Luisa   Pero ¿qué sabe Pepe?

Manuel   Para cuando lo sepa.

Luisa   ¡Ay papá, estás muy alterado!

Manuel   Es que no puedo con las gentes que todo lo sacrifican al interés, como si todo fuera cuestión de dinero en la vida y eso valiera la pena de descomponer una familia. ¡Un tanto! ¡Un tanto! Y el viejo marrullero ni siquiera quería firmar, para no comprometerse a nada. ¿Pensaba que yo iba casarte sin garantías?

Luisa   Es la moda, papá.

LUISA   Aber die Sache ist die ...

MANUEL   Und aus reinen Geldgründen! Wo bleibt da das Taktgefühl! Wenn ich ein Opfer bringe und dir, weil sie es sind, meine beiden besten Grundstücke und einen Haufen Staatsanleihen und ein paar gut eintreibbare Außenstände als Mitgift geben wollte, was meinst du wohl, was dein Onkel herausgerückt hat? Der Herr rückt nämlich gar nichts heraus, er will euch ein Sümmchen zustecken, aber mehr nicht. Ich kenne die Sümmchen deines Onkels: für einen Monat würde er sie euch geben, der alte Geizkragen, und dann würde er euch verhungern lassen. Denn ich gebe euch genug für ein Haus, ein Auto und die Ferienreisen im Sommer; wenn er euch aber nichts gibt, habt ihr nichts zu essen. Und wie wollt ihr leben, ohne zu essen?

LUISA   Das stimmt allerdings; ein Auto und nichts zu essen... Ihr habt euch also gestritten?

MANUEL   Du machst dir keine Vorstellung! Ich habe ihm gesagt, was ich schon seit langem von ihm und seinem Wirrkopf von Sohn denke.

LUISA   Aber was hat Pepe damit zu tun?

MANUEL   Der wird bald genug etwas damit zu tun haben.

LUISA   Aber Vater, du bist ja ganz aufgeregt.

MANUEL   Weil ich solche Leute nicht ausstehen kann, die alles nur geschäftlich sehen, als ob im Leben alles eine Geldfrage wäre, und als ob es sich lohnte, deshalb eine Familie zu zerstören. Ein Sümmchen! Ein Sümmchen! Und der alte Schlauberger wollte nicht einmal unterschreiben, um sich zu nichts zu verpflichten. Hat er sich denn eingebildet, ich würde dich ohne Garantien verheiraten?

LUISA   Das ist jetzt so Mode, Vater.

Manuel No lo eches a broma.

Luisa Al contrario. Es decir, que vosotros disponéis y os indisponéis cuando os conviene, sin contar para nada con nosotros, como si Pepe y yo fuéramos dos chiquillos sin voluntad y sin corazón; ni antes os importaba que no nos quisiéramos, ni ahora que pudiéramos querernos. ¿No es eso?

Manuel Querrás decirme que estás enamorada de tu primo...

Luisa Supongamos que lo estuviera.

Manuel Dejémonos de suposiciones...

Pepe Sí, dejémonos. Yo estoy enamorado de Luisa.

Manuel ¡Eh! ¿Qué haces tú aquí? ¿Qué significa esto?

Pepe Significa que, mientras ustedes hablaban de intereses, nosotros hemos dejado hablar a nuestro corazón; y como hablando, hablando, se entiende la gente...

Luisa Hemos decidido lo contrario de ustedes: casarnos.

Manuel Así..., en media hora. ¡Estáis locos!

Luisa ¿Qué quiere usted? Media hora de conversación, convenciéndonos de que no debíamos casarnos, nos ha dado a conocer mejor que dos años de relaciones para casarnos.

Pepe No teníamos por qué fingir...

Luisa Ni por qué engañarnos.

Manuel Mach dich nicht darüber lustig.

Luisa Im Gegenteil. Es ist doch so, daß ihr euch einigt oder streitet, wie es euch gerade paßt, ohne uns irgendwie zu berücksichtigen, als wären Pepe und ich kleine Kinder ohne eigenen Willen und ohne eigenes Herz; vorher war es euch gleichgültig, daß wir uns nicht liebten, und jetzt, daß wir uns vielleicht lieben könnten. Oder ist es etwa nicht so?

Manuel Du willst mir doch nicht erzählen, daß du in deinen Vetter verliebt bist . . .

Luisa Nehmen wir einmal an, ich wäre es.

Manuel Lassen wir doch bitte Annahmen aus dem Spiel.

Pepe Sehr richtig, lassen wir sie aus dem Spiel. Ich bin in Luisa verliebt.

Manuel Holla! Was machst du denn hier? Was bedeutet das?

Pepe Das bedeutet, daß während ihr von Geschäften gesprochen habt, wir unser Herz haben sprechen lassen; und weil man sich versteht, wenn man einmal offen miteinander spricht . . .

Luisa Haben wir das Gegenteil von euch beschlossen: uns zu heiraten.

Manuel Einfach so, in einer halben Stunde. Ihr seid verrückt!

Luisa Was willst du machen? Ein halbstündiges Gespräch, in dem wir uns gegenseitig überzeugen wollten, daß wir nicht heiraten dürften, hat uns besser bekanntgemacht als zwei Jahre Kennenlernen zum Heiraten.

Pepe Wir hatten keinen Grund zum Verstellen . . .

Luisa Und keinen zum gegenseitigen Betrügen.

Pepe Hemos hablado con franqueza, decididos a no querernos.

Luisa Y sin querer, sin querer...

Manuel Eso creéis vosotros. ¡No habréis coqueteado poco! En fin, por mi parte, si os engañáis, y creyendo conoceros a fondo os conocéis menos que nunca...

Pepe Ya no es preciso que nos conozcamos más.

Luisa Ahora nos basta con querernos mucho.

Telón

Pepe Wir haben ganz offen gesprochen, fest entschlossen, uns nicht zu lieben.

Luisa Und ungewollt und ohne Liebe ...

Manuel Das glaubt ihr! Ihr werdet ganz schön kokettiert haben! Aber von mir aus, wenn ihr euch täuscht und euch, obwohl ihr euch zu kennen glaubt, in Wirklichkeit weniger denn je kennt ...

Pepe Besser brauchen wir uns gar nicht mehr zu kennen.

Luisa Jetzt genügt es uns, wenn wir uns sehr lieben.

Vorhang

Das schon im Titel angekündigte Wortspiel mit dem Verbum «querer» (das ja sowohl «gern mögen = wollen, wünschen», wie «gern haben = lieben» bedeutet) mußte im Deutschen natürlich unübersetzt bleiben ...

No Fumadores · Nichtraucher

Un coche de primera

Ein Eisenbahnabteil erster Klasse

Una Señora · Eine Dame

Una Señorita · Ein junges Mädchen

Un Caballero · Ein Herr

Un Revisor · Ein Schaffner

ESCENA UNICA

El Caballero; después, la Señora y la Señorita

Voz *(Dentro.)* ¡Ooh, ooh! ¡Tres minutos! ¡Ooh! ¡Tres minutos!

Otra voz ¡Agua fresquita, agua! ¿Quién quiere agua?

Otra ¡Aguadora!... ¡Aquí!...

Entran la Señora y la Señorita

Señora Anda lista, que para muy poco... Creí que no dábamos con el coche. ¿A ver si falta algo? Uno, dos... ¡La cestita, la cestita!...

Señorita Aquí está, mamá.

Señora ¡Ay, qué susto he llevado! ¡Si llega a perderse!... Lo primero que nos encargó tu tía... Creería que la habíamos perdido aposta... Muy buenas tardes, caballero.

Caballero Servidor de ustedes... Y ustedes perdonen. Como iba solo, aunque dice: ‹No fumadores›...

Señora ¡Por Dios! No se prive usted... Fume usted todo lo que quiera... Si a mí no me molesta, ni a mi hija tampoco... Estamos muy acostumbradas. Su pobre padre, mi primer marido, que en gloria esté, no se quitaba el cigarro de la boca; encendía uno en la punta de otro... Y mi segundo, que en paz descanse, dos cuartos de lo mismo... Y yo, una vez que padecí unos ahoguillos, y los médicos empezaron a decir que si era asma, que

EINZIGER AUFTRITT

Ein Herr; später eine Dame und ihre Tochter

Eine Stimme *(Von außen)* Achtung, Achtung! Drei Minuten Aufenthalt! Achtung! Drei Minuten Aufenthalt!

Eine andere Stimme Wasser, frisches Wasser! Wasser gewünscht?

Eine weitere Stimme He, Wasserfrau! Hierher!

Es treten auf die Dame und die Tochter

Die Dame Mach schnell, der Zug hält nur ganz kurz! Ich habe schon geglaubt, wir würden den Wagen nicht finden. Fehlt auch nichts? Eins, zwei... Das Körbchen, das Körbchen!

Die Tochter Hier ist es, Mutter.

Die Dame Oh, wie habe ich mich erschrocken! Wenn wir es nur nicht verlieren! Deine Tante hat es uns ganz besonders ans Herz gelegt. Sie würde denken, wir hätten es mit Absicht verloren... Guten Abend, mein Herr.

Der Herr Ergebenster Diener. Und entschuldigen Sie bitte. Weil ich allein im Abteil war, und obwohl da ‹Nichtraucher› steht...

Die Dame Um Gottes willen! Tun Sie sich keinen Zwang an. Rauchen Sie, soviel Sie mögen. Das stört mich nicht im geringsten, und meine Tochter auch nicht. Wir sind so daran gewöhnt. Ihr armer Vater, mein erster Mann, Gott hab ihn selig, nahm die Zigarre überhaupt nie aus dem Mund; er zündete eine an der anderen an. Und mein zweiter, er ruhe in Frieden, war beinahe noch schlimmer. Und ich selbst, als ich einmal ein bißchen kurzatmig war, und die Ärzte fingen an und sagten, es sei Asthma, und die anderen, es sei kein

si no era asma, tuve que fumar unos cigarrillos aromáticos, que no me sirvieron de nada, entre paréntesis. Conque ya ve usted, por nosotras... ¡Niña! ¿Cómo has puesto esa cesta? ¿No ves que tiene los agujeritos a la parte de dentro, y se va a ahogar el animalito? Es un gato, ¿sabe usted?, un encargo que nos ha dado una tía de ésta, cuñada mía... Nos está dando el viaje, porque el indino, lo mismo es asomar el revisor, que empieza a maullar como un descosido... Esta tiene que ponerse a cantar como una loca para taparle... Así el revisor no sabe quién maúlla. ¡Le digo a usted que hay encargos!...

Voz *(Dentro.)* ¡Señores viajeros, al tren!... ¡Señores viajeros, al tren!...

Señora ¡Si nos descuidamos!... Pero no tenga usted reparo en fumar... Sí, verá usted... Nosotras veníamos en el reservado de señoras, y el cambiarnos a este coche, en cuanto hemos podido, ha sido porque hay gente con la que no se puede viajar..., ni ir a ninguna parte. Parece que, al viajar en primera, todo el mundo debía tener educación; ¡pues no, señor! Crea usted que, tanto como en la mesa y en el juego, en viaje es donde se conoce a las personas. Venía en el coche una señora, digo señora porque no sé cómo calificarla, con una acompañanta; digo yo que sería acompañanta... Le digo a usted que yo venía avergonzada... ¡Qué conversación entre las dos!... ¡Como si fueran solas! Yo, por mí, comprenda usted, que dos veces viuda, de qué voy a asustarme...; pero la niña... Yo la mandé que fuera todo el tiempo a la ventanilla; pero el día

Asthma, damals mußte ich Mentholzigaretten rauchen, die mir aber, nebenbei gesagt, nichts geholfen haben. Sie sehen also, für uns... Kind! Wie hast du denn den Korb da hingestellt? Siehst du nicht, daß die kleinen Löcher zur Wand hin zeigen? Das Tierchen erstickt ja! Das ist nämlich eine Katze, wissen Sie. Wir haben sie aus Gefälligkeit mitgenommen für eine Tante von meiner Tochter hier, für meine Schwägerin. Sie verdirbt uns die ganze Fahrt, denn kaum taucht ein Schaffner auf, schon fängt das widerliche Biest zu miauen an wie wildgeworden. Meine Tochter hier muß dann wie eine Verrückte singen, um sie zu übertönen. Da weiß der Schaffner nicht, wer nun eigentlich miaut. Ich sage Ihnen, Gefälligkeiten gibt es...

EINE STIMME (*Von außen*) Einsteigen bitte! Alles einsteigen bitte!

DIE DAME So, die Sorge wären wir los! Aber rauchen Sie ohne Bedenken. Ja, also wissen Sie... Wir fuhren im Damenabteil, und jetzt sind wir so schnell wir konnten in diesen Wagen gewechselt, weil es Leute gibt, mit denen man einfach nicht reisen und sich überhaupt nirgends blicken lassen kann. Man sollte meinen, wenn man schon erster Klasse fährt, trifft man lauter wohlerzogene Leute. Aber nein, mein Herr! Sie können es mir glauben, nicht nur bei Tisch und im Spiel, auch auf der Reise lernt man die Menschen richtig kennen. In unserem Abteil fährt eine Dame, ich sage Dame, weil ich nicht weiß, wie ich sie sonst bezeichnen soll, mit einer Begleiterin, was man so Begleiterin nennt. Ich sage Ihnen, geschämt habe ich mich... Was für Gespräche zwischen den beiden! Als wenn sie allein gewesen wären! Was mich angeht, Sie verstehen, zweimal verwitwet, worüber soll ich mich noch aufregen. Aber das Kind... Ich habe sie die ganze Zeit über ans Fenster geschickt; aber es ist kühl heute, und Sie sehen ja, sie hat sich dabei erkältet. Außerdem

está fresco y, ya ve usted, se ha constipado... y se le ha metido un carboncito en un ojo, que ya ve usted cómo se le ha puesto... Ella, que lo mejor que tiene son los ojos...

Señorita   ¡Por Dios, mamá! ¿Qué va a decir este caballero? No haga usted caso a mamá.

Señora   ¡Calle usted, por Dios! ¡Qué señoras! No paró aquí... Luego, figúrese usted que una de ellas, cansada de charlotear, saca un libro y se pone a leer... ¡Y qué libro! ¡En el forro tenía una mujer en camisa y abanicándose!

Caballero   ¡Vaya un calor!

Señora   ¡Dígame usted qué libro sería!

El Caballero recoge, con disimulo, un libro que había dejado sobre el asiento

Caballero   ¡Quién sabe! Muchas veces los editores..., por llamar la atención... Y luego el libro no tiene nada de particular.

Señora   ¡Calle usted! ¡Si de pronto empieza a reír a carcajadas la que leía, y la otra a preguntar de qué se reía!... Y la otra se pone a leer en voz alta... Yo aquí no pude más. Me creí en el caso de suplicarles que tuvieran consideración a la niña. ¡Nunca se lo hubiera dicho! ¡Cómo nos pusieron! No toqué el timbre de alarma para que parara el tren allí mismo porque estaba descompuesto. Le digo a usted que no se puede viajar con esas personas que, sin más ni más, arman conversación y cuentan sus historias como si estuvieran en su casa. ¡Y que no se debe hablar sin saber! A lo

hat sie ein Kohlenstäubchen ins Auge bekommen, Sie sehen ja, wie sie ausschaut. Dabei sind die Augen das beste an ihr . . .

DIE TOCHTER Um Gottes willen, Mutter! Was wird der Herr dazu sagen? Hören Sie nicht auf meine Mutter.

DIE DAME Sei ruhig, zum Donnerwetter! Nein, was für Damen! Es blieb ja nicht dabei. Stellen Sie sich vor, eine von den beiden holte dann, als sie nicht mehr schwatzen mochte, ein Buch heraus und fing an zu lesen. Und was für ein Buch! Auf dem Umschlag war eine Frau im Hemd, die sich Luft zufächelte.

DER HERR Eine Hitze ist das heute!

DIE DAME Sagen Sie, was mag das für ein Buch gewesen sein!

Der Herr greift unauffällig nach einem Buch, das er neben sich auf den Sitz gelegt hat

DER HERR Wer weiß! Oft machen die Verleger . . ., um Aufmerksamkeit zu erregen . . . Und dann ist an dem Buch gar nichts besonderes.

DIE DAME Seien Sie still! Die eine, die las, fing doch gleich lauthals zu lachen an, und die andere fragte, worüber sie lachte! Und die andere fing an, laut vorzulesen. Da konnte ich es nicht mehr aushalten. Ich dachte schon, ich müßte sie anflehen, doch auf das Kind Rücksicht zu nehmen. Aber das hätte ich nie über die Lippen bekommen! In was für eine Lage die uns gebracht haben! Nur weil ich völlig durcheinander war, habe ich nicht gleich die Notbremse gezogen, um den Zug auf der Stelle anzuhalten. Ich sage Ihnen, man kann einfach nicht reisen mit solchen Leuten, die ohne weiteres ihr Gespräch anfangen und sich ihre Geschichten erzählen, als wären sie bei sich daheim. Und wie kann man so losreden,

mejor se habla mal de una persona delante de usted, de don Fulano, por ejemplo: que si es esto, que si es lo otro, y resulta que es su padre de usted. Y quien dice su padre de usted, dice un tío, cualquiera de la familia... ¡Ya ve usted qué plancha!

REVISOR   ¡Señores!

SEÑORA   ¡Niña, los billetes! ¿Dónde has puesto los billetes?

SEÑORITA   ¡Si te los has guardado tú, mamá!

SEÑORA   ¡Que no, hija! ¡Si te los di a ti la última vez que nos los pidieron! Usted perdone... *(Maúlla el gato.)* ¡Niña, niña! *(La Señorita empieza a cantar.)* ¡No los encuentro! ¡Si los tienes tú! ¿Qué dices? ¡Ah! Aquí; espere usted, tome usted.

REVISOR   Muy buenas tardes.

Vase

SEÑORITA   ¿No ves que no podía dejar de cantar?

SEÑORA   ¿Lo ve usted? Pero ¿qué tendrá este animalito con el revisor? Le digo a usted que es una incumbencia. Si no fuera porque estoy en relaciones muy tirantes con mi cuñada, y por lo mismo no quiero que tenga que decir... Todo porque llevó muy a mal que yo volviera a casarme... Ya ve usted: como si hubiera olvidado a mi primer marido por eso... Póngase usted en mi caso; viuda a los veintiséis años, sin recursos... Y que el hombre que me pretendía, sin ofender al primero, y sin quitarle a nadie su mérito, era el hombre más de bien que ha habido en el mundo.

ohne vorher aufzupassen! Am Ende sagt man noch vor Ihnen etwas Schlechtes über eine Person, über Herrn Schmidt oder Herrn Müller, und dabei ist er Ihr Vater. Und wenn nicht Ihr Vater, dann eben Ihr Onkel oder sonst jemand aus Ihrer Familie. Stellen Sie sich so etwas Peinliches vor!

DER SCHAFFNER   Die Herrschaften!

DIE DAME   Kind, die Fahrkarten! Wo hast du die Fahrkarten hingetan?

DIE TOCHTER   Die hast du doch eingesteckt, Mutter!

DIE DAME   Aber nein, Mädchen! Ich hab sie dir doch gegeben, als wir zuletzt danach gefragt wurden! Entschuldigen Sie bitte. *(Die Katze miaut.)* Kind, Kind! *(Die Tochter beginnt zu singen.)* Ich kann sie nicht finden! Du mußt sie doch haben! Was sagst du? Ah, hier, warten Sie, da nehmen Sie.

DER SCHAFFNER   Guten Abend.

Schaffner ab

DIE TOCHTER   Begreifst du nicht, daß ich weitersingen mußte?

DIE DAME   Da sehen Sie's. Was kann das Tierchen bloß gegen den Schaffner haben? Ich sage Ihnen, eine Aufgabe ist das! Wenn ich nicht mit meiner Schwägerin in einem sehr gespannten Verhältnis wäre und gerade deshalb nicht wollte, daß sie mir etwas nachsagen kann ... Alles nur, weil sie es mir sehr übel genommen hat, daß ich noch einmal geheiratet habe. Sie verstehen schon: als ob ich deshalb meinen ersten Mann vergessen hätte. Aber versetzen Sie sich in meine Lage; mit sechsundzwanzig Jahren Witwe und ohne Mittel ... Und ohne meinem ersten Mann zu nahe zu treten und ohne jemanden schlecht zu machen — der Mann, der um mich anhielt, war wirklich der großartigste Mensch von der Welt.

¡Por eso se murió! ¡Si hubiera sido un perdido!...
¡Ay! ¿Qué pasa?

Caballero   Entramos en un túnel.

Señora   ¡Ay, qué miedo! *(Túnel.)* No mires a este caballero... He sido yo quien te ha agarrado el brazo...

Caballero   ¡Señora!...

Señora   Pues no crea usted que han acabado los disgustos... Porque mi cuñada tiene un genio muy dominante. ¡Como es la persona rica de la familia, y todos son a adularla y hacerle la rueda..., y yo no tengo carácter para eso!... Porque si digo algo que no sienta, que reviente aquí mismo. Ahora se le ha puesto casar a mi hija con otro sobrino suyo a quien no conocemos. ¡Ya ve usted, un asunto tan delicado! El creo que es un buen muchacho, porque yo me he informado muy bien, y aunque alguien me ha dicho...—¡niña, asómate a la ventanilla!—que es muy aficionado a faldas, eso no tiene nada de particular; todos los hombres son lo mismo. Ya ve usted: a mi primer marido, a los ocho días de casados le sorprendí abrazando a la niñera.

Caballero   ¿Tenían ustedes niñera a los ocho días de casados?

Señora   ¡De una hermana mía pequeña! ¿Qué había usted pensado, por Dios?

Señorita   ¡Mamá, mamá! ¡Mira cuántos borregos!...

Señora   ¡Déjate de borregos! Ya puedes venir. Hablábamos de tu futuro.

Deswegen ist er auch gestorben! Wenn er noch ein Liederjahn gewesen wäre!... Huch, was ist nun los?

DER HERR   Wir fahren in einen Tunnel.

DIE DAME   Huch, wie schrecklich! (*Tunnel.*) Schau nicht den Herrn an. Das war ich, die dich da an den Arm gefaßt hat.

DER HERR   Aber gnädige Frau!

DIE DAME   Und denken Sie nicht, daß die Scherereien jetzt vorbei sind. Meine Schwägerin ist nämlich sehr herrschsüchtig veranlagt. Denn sie ist die reiche Person in der Familie, und alle sind ihr zu Diensten und machen ihr den Hof. Und ich habe nun einmal keine Begabung für so etwas! Kaum sage ich etwas Unpassendes, schon geht sie in die Luft. Jetzt hat sie sich in den Kopf gesetzt, meine Tochter mit einem ihrer Neffen zu verheiraten, den wir gar nicht kennen. Sie können sich vorstellen, was für eine heikle Sache das ist. Er ist wohl, glaube ich, ein guter Junge, denn ich habe mich genau erkundigt. Mir hat zwar jemand erzählt... Kind, schau mal aus dem Fenster!... daß er ein ziemlicher Schürzenjäger ist, aber daran ist ja nichts Besonderes, die Männer sind doch alle gleich. Stellen Sie sich vor: meinen ersten Mann habe ich acht Tage nach der Hochzeit dabei erwischt, wie er das Kindermädchen küßte.

DER HERR   Hatten Sie denn acht Tage nach der Hochzeit schon ein Kindermädchen?

DIE DAME   Für eine jüngere Schwester von mir! Was um Gottes willen haben Sie denn gedacht?

DIE TOCHTER   Mutter, Mutter! Schau mal die vielen Schäfchen!

DIE DAME   Laß mich in Ruhe mit Schäfchen! Du kannst schon wiederkommen. Wir haben von deinem Zukünftigen gesprochen.

SEÑORITA ¿Y qué dice este caballero?

SEÑORA Dice lo mismo que yo. Que sin conocerle a fondo... Y dice muy bien.

CABALLERO *(Aparte.)* ¿De dónde habrá sacado esta señora que yo he dicho nada?

SEÑORA ¿Llegamos a una estación?

SEÑORITA Ya van cinco estaciones.

CABALLERO Yo, con permiso de ustedes, bajo un momento.

SEÑORA Mire usted si para bastante.

CABALLERO Creo que sí. Debe tomar agua la máquina.

Sale

VOZ ¡Aaaa, dos minutos! ¡Aaaa, dos minutos!

OTRA ¡Agua! ¿Quién pide agua?

OTRA ¡Bizcochos de canela, bizcochos de canela!

SEÑORITA Mamá, voy a comprar bizcochos.

SEÑORA ¡Déjate de bizcochos! Ya sabes que en viaje hay que tener mucho cuidado con lo que se come. ¿Ves cómo he hecho muy bien en cambiar de coche? ¡Qué caballero más decente! Tiene trazas de ser comerciante... Yo tengo idea de haberle visto en Madrid con una señora gruesa una tarde que estuvimos en el Lírico a ver ‹El anillo de hierro›... Aquella señora que estaba delante de nosotros con un sombrero que no te dejaba ver... Sí, ¿no te acuerdas? ¿Una señora que lloraba mucho en las escenas tristes?

Die Tochter   Und was hat der Herr dazu gesagt?

Die Dame   Er sagt dasselbe wie ich. Wenn man ihn nicht genau kennt ... Und er hat auch ganz recht.

Der Herr   *(beiseite)* Wieso bildet sich diese Dame ein, daß ich überhaupt etwas gesagt habe?

Die Dame   Kommt da ein Bahnhof?

Die Tochter   Es sind noch fünf Stationen.

Der Herr   Ich steige für einen Augenblick aus, wenn Sie gestatten.

Die Dame   Passen Sie auf, ob der Zug auch lange genug hält.

Der Herr   Ich glaube schon. Die Lokomotive muß Wasser auffüllen.

Er geht ab

Eine Stimme   Achtung! Zwei Minuten Aufenthalt! Zwei Minuten Aufenthalt!

Eine andere Stimme   Wasser! Wasser gewünscht?

Eine weitere Stimme   Zimtkekse! Zimtkekse!

Die Tochter   Mutter, ich kauf mir Kekse.

Die Dame   Laß jetzt die Kekse. Du weißt doch, wie man aufpassen muß unterwegs mit allem, was man ißt. Siehst du, wie recht wir gehabt haben, in einen anderen Wagen umzusteigen? Was für ein wohlerzogener Herr! Er sieht aus wie ein Kaufmann. Ich glaube fast, ich habe ihn in Madrid mit einer dicken Dame gesehen, an dem Abend, als wir im Teatro Lírico in den ‹Eisernen Ring› gegangen sind. Die Dame, die vor uns saß mit ihrem Hut, der dir die ganze Sicht versperrte ... Doch, weißt du nicht mehr? Die Dame, die bei den traurigen Stellen so weinte?

Señorita No me acuerdo, mamá.

Señora Yo, en viendo a una persona una vez, no se me despinta. Cuando vuelva voy a preguntárselo.

Voces ¡Señores viajeros, al tren!

Señora ¡Ay, ya tocan!... Y ese señor no viene... A ver si se queda en tierra... ¿No lo ves?

Señorita No.

Señora ¡Eh, que no ande, que falta un caballero!... ¿Dónde estará?... ¡Digo, ya me figuro!... ¡Que se marcha el tren!... ¡Que se queda! ¿En qué habrá estado pensando?... ¡Qué trastorno!

Señorita Y no se ha ido a otro coche, porque ha dejado el equipaje...

Señora ¡Claro que no! Lo mejor será echárselo por la ventanilla. ¡Ya lo encontrará! Será un trastorno menos.

Señorita Eso, sí... Le haremos ese favor.

Señora ¡Ayúdame!

Señorita ¡Allá va!

Señora ¡Es de un caballero que pierde el tren! ¡Entréguenselo ustedes! ¡Ahora saldrá!... Pero ¡qué descuido! ¡Como si no supiera que el tren no espera a nadie!

Señorita Se ha quedado el libro.

Señora ¡Déjalo, no sea como el de marras!... ¡Pero, vamos, que ha sido ocurrencia!

Señorita ¡Ya, ya!

Die Tochter   Ich weiß nicht mehr, Mutter.

Die Dame   Ich brauche jemanden nur einmal zu sehen, und er kommt mir nicht mehr aus dem Gedächtnis. Wenn er wiederkommt, will ich ihn danach fragen.

Eine Stimme   Einsteigen bitte!

Die Dame   Huch, sie läuten schon. Und der Herr kommt nicht. Schau mal, ob er dageblieben ist ... Siehst du ihn nicht?

Die Tochter   Nein.

Die Dame   Oh, nicht abfahren, es fehlt jemand! Wo mag er bloß stecken? Ich kann es mir schon vorstellen! Der Zug fährt schon ab! Er kommt nicht mit! Wo hat er bloß seine Gedanken gehabt? Was für eine Aufregung!

Die Tochter   Und in einen anderen Wagen ist er auch nicht gegangen; er hat ja sein Gepäck hiergelassen.

Die Dame   Natürlich nicht! Am besten werfen wir es ihm aus dem Fenster. Er findet es dann schon! Eine Aufregung weniger.

Die Tochter   Das stimmt. Den Gefallen wollen wir ihm tun.

Die Dame   Hilf mir!

Die Tochter   Da, nimm.

Die Dame   Das gehört einem Herrn, der den Zug verpaßt hat! Geben Sie es ihm! Jetzt raus damit! ... Aber was für ein Leichtsinn! Als ob er nicht wüßte, daß der Zug auf niemanden wartet!

Die Tochter   Das Buch ist liegengeblieben.

Die Dame   Laß es liegen, vielleicht ist es so eines wie das von vorhin! Meine Güte, war das aber eine Aufregung!

Die Tochter   Weiß Gott.

SEÑORA Si tarda en pasar otro tren... y su familia le espera y no puede avisar... ¡Vamos, no quiero pensarlo!

SEÑORITA ¡Ya, ya!

SEÑORA ¡El Señor nos libre! Yo lo siento, por que siempre íbamos acompañadas... y tenía una conversación muy agradable; se veía que era persona de educación.

SEÑORITA Y muy simpático. Oye, mamá, ¿fué del brazo de donde me cogiste en el túnel?

SEÑORA ¿Por qué lo preguntas?

SEÑORITA Por nada. Es que me duele.

SEÑORA Es que soy tan nerviosa, y los túneles me dan un miedo... ¡Cualquier cosa que sucediera en un túnel!... Pero ¡pobre señor, pobre señor!... Mira, ¿no sientes apetito?

SEÑORITA Yo, si. El tren me da mucho apetito.

SEÑORA Debías estar viajando siempre, a ver si te nutrías. Pareces la dama de la media almendra... Alcanza la cesta... De paso mira cómo va ese animalito.

SEÑORITA ¡Ay, cómo bufa! ¡Michito, michito! ¡Huy, qué ojos! ¡Parecen ascuas!

SEÑORA Milagro será que no nos dé un disgusto. Vamos a merendar.

SEÑORITA Otra estación.

SEÑORA Mejor; así podremos arreglarlo todo.

Voz ¡Taa, un minuto! ¡Taa, un minuto!

Die Dame Wenn nun nicht gleich wieder ein Zug kommt ...
Und seine Familie wartet auf ihn, und er kann sie nicht benachrichtigen ... Ich mag es mir gar nicht ausdenken!

Die Tochter Weiß Gott.

Die Dame Meine Güte! Und mir tut es auch leid, weil wir wenigstens Gesellschaft hatten. Und man konnte sehr nett mit ihm sprechen; man sah doch gleich, daß er Kinderstube hatte.

Die Tochter Und er war so sympathisch! Sag mal, Mutter, an welchem Arm hast du mich im Tunnel festgehalten?

Die Dame Warum fragst du danach?

Die Tochter Ach, nichts. Es tut mir nur weh.

Die Dame Ich bin eben so nervös, und vor Tunneln habe ich solche Angst. Was kann in einem Tunnel alles passieren! Aber der arme Herr, der arme Herr! ... Wie ist es, hast du keinen Appetit?

Die Tochter Doch. Im Zug habe ich immer großen Appetit.

Die Dame Du müßtest immer unterwegs sein, da würdest du vielleicht zunehmen. Du siehst aus wie eine Bohnenstange. Hol den Korb herunter. Dabei kannst du gleich nachsehen, wie es unserem Tierchen geht.

Die Tochter Ei, wie sie faucht! Miez, Miez! Huch, was für Augen! Sie sehen aus wie glühende Kohlen!

Die Dame Es wäre ein Wunder, wenn wir nicht noch Ärger von ihr hätten. Laß uns eine Kleinigkeit essen.

Die Tochter Wieder ein Bahnhof.

Die Dame Um so besser, da können wir alles schön aufstellen.

Eine Stimme Achtung, eine Minute Aufenthalt! Eine Minute Aufenthalt!

Voz ¡Agua! ¿Quién quiere agua?

Señora Estas chuletas empanadas deben de estar riquísimas. Pon aquí estos papeles de mantel... Así; la servilleta... Que no se vierta el vino...

Entra el Caballero

Caballero Señoras...

Señora ¿Eh?

Señorita ¡Ah!

Señora ¿Usted? ¿Está usted aquí?

Caballero Sí; iba en el furgón de cola.

Señora ¿No se ha quedado usted en tierra?

Señorita Nosotras creímos...

Caballero ¿Y mi equipaje? ¿Qué es esto?

Señora ¡Ah, usted perdone!

Señorita Caballero...

Señora Creímos que había usted perdido el tren, y por hacerle un favor...

Señorita Lo hemos tirado por la ventanilla...

Caballero ¡Señoras!... ¿Y quién les manda a ustedes?...

Señora ¡Caballero, nosotras, con la mejor intención!...

Señorita ¡Quién iba a figurarse!...

Caballero Y ¿qué hago yo ahora? ¡Demonio de mujeres!... ¡Tenían ustedes que hacer alguna atrocidad!

EINE STIMME   Wasser! Wasser gewünscht?

DIE DAME   Diese panierten Koteletts sind bestimmt wunderbar. Leg dies Papier als Tischdecke hierher. Ja, so; die Serviette... Daß nur der Wein nicht umkippt...

Der Herr tritt auf

DER HERR   Meine Damen...

DIE DAME   Eh?

DIE TOCHTER   Oh!

DIE DAME   Sie? Sie hier?

DER HERR   Ja, ich war im Gepäckwagen am Zugende.

DIE DAME   Sie sind nicht auf dem Bahnsteig geblieben?

DIE TOCHTER   Wir haben geglaubt...

DER HERR   Und mein Gepäck? Was bedeutet das?

DIE DAME   Oh, entschuldigen Sie bitte.

DIE TOCHTER   Mein Herr...

DIE DAME   Wir dachten, Sie hätten den Zug verpaßt, und weil wir Ihnen einen Gefallen tun wollten...

DIE TOCHTER   Haben wir es aus dem Fenster geworfen.

DER HERR   Meine Damen! Wer in aller Welt hat Sie darum gebeten?

DIE DAME   Aber wir haben doch in bester Absicht!...

DIE TOCHTER   Wer konnte auch auf den Gedanken kommen!...

DER HERR   Und was mache ich jetzt? Verdammtes Weibervolk! Irgendetwas Schreckliches mußten Sie doch anstellen!

Señora ¡Oiga usted, caballero! ¡Si lo toma usted así!...

Caballero ¿Cómo he de tomarlo?

Señora Y ¿por qué no advirtió usted adónde iba?

Caballero ¡No faltaba más que hubiera levantado el dedo! ¡Si no fueran ustedes locas!...

Señora ¡Oiga usted! ¡A mí no me llame usted loca, y a mi hija mucho menos!... ¡Más valía que tuviera usted educación!...

Caballero ¡Señora! ¡Usted sí que no la conoce!

Señora ¡Me está usted faltando, y usted no sabe con quién habla!

Señorita ¡Mamá, mamá!

Voz ¡Señores viajeros, al tren! ¡Señores viajeros, al tren!

Señora Cuando lleguemos a otra estación, verá usted...

Caballero ¡Haga usted lo que quiera!... ¡Mi equipaje, mi equipaje!

Señora ¡Si no se puede viajar más que en reservado!

Caballero ¡Podía usted haber ido en perrera!...

Señora ¿Yo en perrera?

Señorita ¡Mamá, mamá!

Siguen disputando. Telón

Die Dame Ich muß doch sehr bitten, mein Herr! Wenn Sie es so nehmen!

Der Herr Wie soll ich es denn nehmen?

Die Dame Und warum sagten Sie nicht, wohin Sie gehen?

Der Herr Das fehlte noch, daß ich erst brav den Finger heben sollte! Sie sind wohl wirklich verrückt geworden!

Die Dame Ich muß doch sehr bitten! Sie haben kein Recht, mich verrückt zu nennen, und meine Tochter schon gar nicht! Sie sollten sich lieber anständig benehmen!

Der Herr Sie wissen ja gar nicht, was das ist!

Die Dame Sie zeigen ein sehr schlechtes Betragen. Sie wissen wohl nicht, mit wem Sie sprechen!

Die Tochter Mutter, Mutter!

Eine Stimme Einsteigen bitte die Herrschaften! Alles einsteigen bitte!

Die Dame Beim nächsten Bahnhof werden Sie dann schon sehen!...

Der Herr Von mir aus können Sie machen, was Sie wollen! Mein Gepäck! Mein Gepäck!

Die Dame Man kann wirklich nur noch im Damenabteil reisen!

Der Herr Sie hätten lieber im Hundeabteil fahren sollen!

Die Dame Ich im Hundeabteil?

Die Tochter Mutter, Mutter!

Sie streiten sich weiter. Vorhang

De Pequeñas Causas... Kleine Ursachen...

Gabinete · Ein Empfangszimmer

Emilia

Manuel

González

Hernández

Un Criado · Ein Diener

ESCENA PRIMERA

González, Manuel y un Criado

Criado No insista usted: le digo que el señor no está, que no volverá en todo el día.

González Le digo a usted que para mí sí; le digo a usted que estoy en el secreto.

Criado Usted quiere comprometerme.

González Le digo a usted que no... Pásele usted esta tarjeta.

Criado Pero, caballero...

González O a su señora, es lo mismo...; yo he de verle, sea como sea.

Criado Pero...

González Nada, que he de verle.

Criado Caballero..., usted puede hacer lo que guste; pero le aseguro a usted...

González No asegure usted nada. Es que habrá usted recibido esa orden..., sí...; lo sé todo..., lo que ocurre en casos semejantes...; por eso sé lo que debo hacer, lo de siempre, no hacerle a usted caso; ya lo ve usted...

Criado Como usted quiera.

Entra Manuel

González ¿Lo ve usted?

Criado Yo he cumplido con la orden del señor; pero el señor...

ERSTER AUFTRITT

González, Manuel und ein Diener

DIENER Drängen Sie nicht: ich sage Ihnen doch, der gnädige Herr ist nicht da und kommt heute überhaupt nicht zurück.

GONZÁLEZ Und ich sage Ihnen, für mich ist er da; ich sage Ihnen, ich bin in die Sache eingeweiht.

DIENER Sie wollen mich in Unannehmlichkeiten bringen.

GONZÁLEZ Aber nein doch, wenn ich es Ihnen sage. Geben Sie ihm diese Karte.

DIENER Aber mein Herr...

GONZÁLEZ Oder seiner Frau, das kommt aufs gleiche hinaus. Ich muß ihn unbedingt sprechen.

DIENER Aber...

GONZÁLEZ Kein Aber, ich muß ihn sprechen.

DIENER Mein Herr... Tun Sie, was Sie wollen, aber ich versichere Ihnen...

GONZÁLEZ Versichern Sie nichts. Sie haben natürlich Anweisung erhalten..., ja..., ich weiß wohl..., wie das in solchen Fällen geht..., aber deshalb weiß ich auch, was ich zu tun habe, das übliche, nämlich gar nicht auf Sie hören. Sie sehen also...

DIENER Wie Sie wünschen.

Auftritt Manuel

GONZÁLEZ Sehen Sie?

DIENER Ich habe Ihren Auftrag ausgeführt, aber der Herr hier...

Manuel Bien está...

Sale el Criado

González Comprenda usted que yo necesitaba verle.

Manuel Comprenda usted que yo no quiero ver a nadie...; a los amigos como usted mucho menos; sé lo que va usted a decirme... Es inútil, todo inútil; mi resolución es irrevocable... El presidente le habra dicho a usted lo que había..., ha leído usted los periódicos...; no tengo que decirle más.

González Pero...

Manuel Es inútil, todo inútil... Nadie dirá que yo he provocado el conflicto. Desde mi entrada en el Ministerio, usted sabe a costa de cuántos sacrificios, mi permanencia en él ha sido para mí una serie de abdicaciones; he podido aceptarlas mientras sólo se trataba de mis convicciones particulares, hasta de mis afectos; pero ahora, no; ahora se trata de mis compromisos con la opinión, con el país...; pretender esta nueva abdicación, es tanto como renegar de toda mi historia política; de mi significación en el partido; de mi personalidad; de mi conciencia..., y a eso no puedo llegar, porque sería tanto como negarme a mí mismo.

González Pero, querido amigo, piense usted la situación, el conflicto...

Manuel No es culpa mía... Se desoyeron mis advertencias; se desdeñaron mis concesiones... Yo no soy un hombre de partido...; para mí, antes que los hombres están las ideas.

MANUEL   Schon gut.

Diener ab

GONZÁLEZ   Verstehen Sie bitte, daß ich Sie unbedingt sprechen mußte.

MANUEL   Verstehen Sie bitte, daß ich niemanden zu sprechen wünsche, am wenigsten meine Freunde, Leute wie Sie; ich weiß schon, was Sie mir sagen wollen. Es ist nutzlos, völlig nutzlos; meine Entscheidung ist unwiderruflich. Der Ministerpräsident wird Ihnen gesagt haben, was vorgefallen ist. Sie haben gewiß die Zeitungen gelesen. Mehr brauche ich Ihnen nicht zu sagen.

GONZÁLEZ   Aber...

MANUEL   Es ist nutzlos, völlig nutzlos. Niemand kann sagen, daß ich den Konflikt hervorgerufen habe. Seit meinem Eintritt in die Regierung — und Sie wissen, welch ein Opfer das für mich bedeutet hat —, war meine Mitarbeit für mich eine einzige Kette von Entsagungen. Ich habe sie auf mich nehmen können, solange es sich um meine persönlichen Überzeugungen, ja, um meine Lieblingsideen handelte. Aber jetzt nicht mehr, jetzt geht es um meine Verpflichtungen gegenüber der öffentlichen Meinung, dem Land... Dieser neuerliche Verzicht wäre eine Verleugnung meiner ganzen politischen Vergangenheit, meiner Rolle in der Partei, meiner Persönlichkeit, meines Gewissens... Und das darf nicht sein, denn damit würde ich mich selbst verleugnen.

GONZÁLEZ   Aber lieber Freund, bedenken Sie doch: in unserer Lage eine solche Auseinandersetzung...

MANUEL   Das ist nicht meine Schuld. Niemand hat auf meine Warnungen gehört, meine Zugeständnisse hat man gering geachtet. Ich bin kein Parteimann. Für mich kommen erst die Prinzipien, dann die Menschen.

GONZÁLEZ   Por eso mismo debe usted transigir con las personas, sin perjuicio de seguir con sus ideas.

MANUEL   Es inútil. Mi resolución es irrevocable.

ESCENA II

Dichos y Hernández

HERNÁNDEZ   ¡Ah!, ya sabía yo que estaba usted en casa... El criado se empeñaba en negarme la entrada. Querido González...

GONZÁLEZ   Amigo Hernández... ¿Viene usted, como yo..., a convencer a nuestro ilustre amigo?...

HERNÁNDEZ   A nuestro querido amigo... Pero usted le habrá convencido ya... Eso no puede ser...; ¡provocar una crisis en las actuales circunstancias... una crisis... por una tontería!... Comprendo si hubiera usted tenido algún disgusto personal...; pero usted sabe que sólo cuenta usted con verdaderos amigos en el Gobierno y en la mayoría.

MANUEL   Pero amigos que no piensan como yo en asuntos tan importantes como los que yo defiendo.

HERNÁNDEZ   Pero ése no es motivo; a usted personalmente no se le niega nada.

MANUEL   Se me niega el cumplimiento de mis compromisos ante la opinión, ante el país.

GONZÁLEZ   Pero ¿a qué llama usted opinión? ¿A los periódicos? ¡Si se abstuviera usted de leerlos!...

González   Gerade darum! Sie müssen den einzelnen Menschen nachgeben, um Ihre Prinzipien unversehrt zu erhalten.

Manuel   Es ist nutzlos. Meine Entscheidung ist unwiderruflich.

ZWEITER AUFTRITT

Dieselben und Hernández

Hernández   Ah! Ich wußte doch, daß Sie zu Hause waren. Ihr Diener hat sich alle Mühe gegeben, mir den Eintritt zu verwehren. Lieber González...

González   Freund Hernández... Sie kommen wie ich... um unseren berühmten Freund zu überzeugen?

Hernández   Unseren lieben Freund... Aber Sie werden ihn schon überzeugt haben. Denn das ist doch nicht möglich... in unserer Lage eine Regierungskrise heraufzubeschwören! Eine Krise... wegen einer Lappalie! Ich würde es verstehen, wenn Sie irgendeinen persönlichen Ärger gehabt hätten... Aber Sie wissen doch, daß Sie in der Regierung und in der Mehrheit auf lauter echte Freunde zählen können.

Manuel   Aber es sind Freunde, die in den von mir verfochtenen, bedeutenden Anliegen eine andere Meinung haben als ich.

Hernández   Das ist doch kein Grund; Ihnen selbst verweigert doch niemand etwas.

Manuel   Man verweigert mir die Erfüllung meiner Verpflichtungen gegenüber der öffentlichen Meinung und dem Land.

González   Aber was nennen Sie denn öffentliche Meinung? Die Zeitungen? Sie brauchen doch nur aufhören, sie zu lesen!

Manuel   Mi padre tuvo la debilidad de mandarme al colegio y yo la de aprender a leer..., y la mala costumbre de leerlo todo. La actitud del avestruz ocultando la cabeza debajo del ala, para no ver el peligro, no es la actitud más propia de un hombre de gobierno...

González   Pero, querido amigo, yo le creí a usted de más carácter.

Manuel   Hoy llaman ustedes carácter a no tener ninguno, a pasar por todo.

Hernández   No, querido amigo; a sobreponerse a todo, que no es lo mismo..., a mostrarse superior a las circunstancias...

Manuel   No se cansen ustedes; mi resolución es irrevocable.

González   Pero, querido amigo... Reflexione usted... Compromete usted gravemente la situación, da usted armas a las oposiciones...

Manuel   Al contrario, facilito una solución a mis compañeros.

Hernández   Usted sabe que la provisión de su cartera en estos momentos mostraría más claramente las escisiones del partido.

Manuel   Eso es lo que pretendo...; demarcar los campos, aclarar la situación, despejar incógnitas.

González   Pero usted sabe el peligro de despejar incógnitas. Además, se expone usted a quedarse solo.

Manuel   Me basto.

MANUEL Mein Vater war schwach genug, mich auf die Oberschule zu schicken, und ich, lesen zu lernen. Und zwar habe ich mich daran gewöhnt, alles zu lesen. Ein Mitglied der Regierung darf sich nicht verhalten wie der Vogel Strauß, der seinen Kopf unter den Flügel steckt, um die Gefahr nicht zu sehen.

GONZÁLEZ Aber lieber Freund, ich hatte Ihnen mehr Charakterstärke zugetraut.

MANUEL Heute nennt man es Charakterstärke, wenn man überhaupt keine hat und alles hinnimmt.

HERNÁNDEZ Nein, lieber Freund: wenn man über allen Dingen steht, was nicht dasselbe ist ... Wenn man sich den Umständen überlegen erweist.

MANUEL Bemühen Sie sich nicht; meine Entscheidung ist unwiderruflich.

GONZÁLEZ Aber lieber Freund. Bedenken Sie ... Sie verschlimmern die Lage doch erheblich, Sie geben der Opposition Waffen in die Hand.

MANUEL Im Gegenteil, ich ermögliche meinen Kollegen eine Lösung.

HERNÁNDEZ Sie wissen, daß eine Neubesetzung Ihres Ministeriums im augenblicklichen Zeitpunkt die Spaltungen in der Partei nur noch deutlicher machen würde.

MANUEL Das will ich gerade erreichen ... Die Lager abgrenzen, die Situation klären, Verborgenes ans Licht bringen.

GONZÁLEZ Aber Sie wissen, wie gefährlich es ist, Verborgenes ans Licht zu bringen. Außerdem könnten Sie dann alleinstehen.

MANUEL Ich bin mir selbst genug.

HERNÁNDEZ Mire usted que se llegará al límite de las concesiones...

MANUEL A ese límite he llegado yo hace mucho tiempo.

HERNÁNDEZ Que puede encontrarse una fórmula todavía..., una fórmula aceptable.

MANUEL La que yo he propuesto.

GONZÁLEZ Esa no es posible.

MANUEL No hay otra.

HERNÁNDEZ Concédanos usted un plazo... Entre todos hallaremos una fórmula.

MANUEL No.

GONZÁLEZ Un día...

MANUEL No.

GONZÁLEZ Una hora...; hablaremos con el jefe, con el jefe de las oposiciones... Volveremos con su contestación... Pero ceda usted en algo...

MANUEL Nunca. He llegado al límite de las concesiones.

HERNÁNDEZ ¿Nos promete usted no hacer saber a nadie su resolución hasta después de hablar nuevamente con nosotros?

MANUEL Nada conseguirán ustedes. Y será inutil que vuelvan ustedes si no se acepta por entero mi última proposición de arreglo.

GONZÁLEZ ¿Por entero?... Un paso más, querido amigo...

HERNÁNDEZ Seien Sie vorsichtig — auch Zugeständnisse haben ihre Grenze.

MANUEL An dieser Grenze bin ich seit langer Zeit angekommen.

HERNÁNDEZ Es läßt sich doch gewiß noch eine Lösung finden..., eine annehmbare Lösung.

MANUEL Die, welche ich vorgeschlagen habe.

GONZÁLEZ Die ist nicht möglich.

MANUEL Es gibt keine andere.

HERNÁNDEZ Geben Sie uns eine Frist. Alle gemeinsam finden wir gewiß eine Lösung.

MANUEL Nein.

GONZÁLEZ Einen Tag...

MANUEL Nein.

GONZÁLEZ Eine Stunde... Wir sprechen mit dem Vorsitzenden, mit dem Oppositionsführer. Wir kommen mit seiner Antwort zurück. Aber geben Sie in irgendeinem Punkte nach.

MANUEL Niemals. Ich bin am Ende der Zugeständnisse angelangt.

HERNÁNDEZ Versprechen Sie uns jedenfalls, niemandem ihren Entschluß mitzuteilen, bevor Sie noch einmal mit uns gesprochen haben?

MANUEL Sie werden nichts erreichen. Und Sie brauchen gar nicht erst zurückzukommen, wenn mein letzter Vergleichsvorschlag nicht ohne Einschränkungen angenommen wird.

GONZÁLEZ Ohne Einschränkungen? Gehen Sie einen Schritt weiter, lieber Freund.

MANUEL Yo no sé andar más que avanzando. Un paso más sería una concesión menos.

HERNÁNDEZ Avance usted hacia la avenencia... Los demás avanzarán en el mismo sentido, y aquí no ha pasado nada... Entre tanto..., una hora de espera..., una hora..., usted reflexione; entre tanto..., nosotros trabajaremos...

MANUEL Creo que no conseguirán ustedes nada... De mí han conseguido ustedes cuanto podía concederles; atención, gratitud por sus buenos deseos.

GONZÁLEZ Usted sabe que somos de los leales...

HERNÁNDEZ De los que le seguiremos a usted siempre que usted nos acompañe. Hasta ahora.

GONZÁLEZ Querido amigo...

Salen

MANUEL No estoy para nadie...; bajo ningún pretexto vuelvan a recibir a nadie... He salido en el automóvil... Estoy en el campo... No se sabe dónde estoy... A nadie, sea quien sea...

ESCENA III

Manuel y Emilia

EMILIA ¿Me concede audiencia el señor ministro?

MANUEL Entra, entra...

EMILIA ¿No has leído todavía los periódicos?

MANUEL ¿Por qué?

MANUEL Wenn ich weitergehe, dann nur noch vorwärts. Ein Schritt weiter wäre ein Zugeständnis weniger.

HERNÁNDEZ Gehen Sie vorwärts in Richtung auf einen Vergleich. Die anderen werden in der gleichen Richtung gehen, und was hier gesagt ist, machen wir ungesagt. Inzwischen ... Eine Stunde Warten ..., eine Stunde ... Sie überdenken die Sache, und inzwischen machen wir uns an die Arbeit.

MANUEL Ich bin überzeugt, daß Sie nichts erreichen werden. Von mir haben Sie erreicht, was ich Ihnen gewähren konnte. Jedenfalls danke ich Ihnen für Ihre gute Absicht.

GONZÁLEZ Sie wissen, daß wir zu den Getreuen gehören ...

HERNÁNDEZ Zu denen, die Ihnen immer folgen werden, solange Sie zu uns halten. Bis gleich.

GONZÁLEZ Lieber Freund ...

Beide ab

MANUEL Ich bin für niemanden zu sprechen. Unter keinen Umständen darf noch jemand hereingelassen werden ... Ich bin mit dem Wagen weg ... Ich bin aufs Land gefahren ... Niemand weiß, wo ich bin ... Niemand einlassen, wer es auch sei ...

DRITTER AUFTRITT

Manuel und Emilia

EMILIA Gewährt mir der Herr Minister Audienz?

MANUEL Komm herein, komm herein.

EMILIA Hast du die Zeitungen noch nicht gelesen?

MANUEL Wieso?

Emilia Porque todos los días te ponen de mal humor...¡Si hicieras lo que yo!... Yo no los leo nunca...

Manuel Debías presidir el Ministerio.

Emilia Si acaso, las noticias de sociedad, los teatros... y los anuncios.

Manuel Sí; ahora pueden leerse los anuncios...

Emilia Para saber lo que pasa me basta con mirarte a la cara... Hoy es un buen día...

Manuel Sí, no ocurre nada...

Emilia ¡Cuánto me alegro!... Por supuesto, nunca ocurre nada. ¿Cuándo ha estado todo como ahora?... Eso es lo que molesta... Hasta los cambios han bajado...

Manuel Ya sabes más que yo... Y dices que no lees los periódicos...

Emilia No; lo sé por mi modisto... Me ha enviado un encargo de París, y al pagarle... Le he pagado yo... ¿Qué dices?... No dirás que pido créditos extraordinarios... Yo, yo..., sí, señor; de los presupuestos ordinarios...

Manuel Así me gusta.

Emilia ¡Oh, soy una gran ministra de Hacienda!... No tendrás queja de mí... ¡Sostener mis gastos de representación sin acudir al capítulo de imprevistos!... Y tu no sabes lo que eso cuesta... Me llaman elegante y distinguida en todos los periódicos..., los ministeriales y los de oposición.

EMILIA Weil sie dir jeden Tag die Laune verderben. Wenn du es nur machen wolltest wie ich! Ich lese sie nie...

MANUEL Du solltest die Regierung führen.

EMILIA Und wenn überhaupt, dann nur die Nachrichten aus der Gesellschaft, die Theatermeldungen... und die Anzeigen.

MANUEL Ja, jetzt können wir die Anzeigen lesen...

EMILIA Um zu wissen, was sonst passiert, brauche ich nur dein Gesicht anzusehen. Heute ist ein guter Tag.

MANUEL Ja, es ist nichts los.

EMILIA Wie mich das freut! Es ist ja allerdings nie etwas los. Wann ist denn schon einmal alles so gewesen wie jetzt? Das ist gerade das Ärgerliche. Sogar die Wechselkurse sind gefallen...

MANUEL Siehst du, du weißt mehr als ich. Und du sagst, daß du keine Zeitungen liest.

EMILIA Nein, ich weiß es von meinem Schneider. Er hat mir aus Paris eine bestellte Sendung geschickt, und beim Bezahlen... Ich habe sie selbst bezahlt. Was sagst du dazu? Du kannst nicht behaupten, daß ich Zusatzkredite fordere. Ich selbst, jawohl, mein Herr, aus dem ordentlichen Haushalt.

MANUEL Das höre ich gern.

EMILIA Oh, ich bin eine großartige Finanzministerin! Du kannst dich nicht über mich beklagen. Meine Repräsentationsaufwendungen zu bezahlen, ohne den Posten ‹Unvorhergesehenes› in Anspruch zu nehmen! Du weißt gar nicht, was das bedeutet. Sie bezeichnen mich als elegant und vornehm in allen Zeitungen, in den regierungstreuen ebenso wie in denen von der Opposition.

Manuel Los cronistas de salones son siempre ministeriales. El gobierno de las mujeres es muy tiránico y no consiente la menor oposición.

Emilia O muy liberal y no las motiva... ¡Que poco galante!

Manuel Y sepamos, ¿qué maravilla es esa que ha llegado de París?

Emilia Oh! Ya verás... Es un poema..., un sueño... ¡Un vestido ideal! Una obra de arte... Los hombres no saben apreciar esas delicadezas... Si acaso, el conjunto...; pero los detalles...

Manuel Es que uno de los detalles suele ser la factura.

Emilia ¿La factura? Un vestido así siempre es barato..., y a mí me hacen precios excepcionales. Este traje no sería para otra menos de los tres mil, y a mí me han puesto dos mil novecientos cuarenta y cinco..., todo comprendido...: Aduanas, envío...

Manuel Sí, es una ganga.

Emilia Una verdadera creación...; y el caso es que no tiene nada..., es el «chic», nada... Lo ves en la mano y dices: esto no vale nada..., cualquiera puede hacerlo; pero luego lo ves puesto... y... ya verás..., ya verás...

Manuel ¿Y cuándo voy a verlo?...

Emilia ¡Qué pregunta! Pasado mañana, en Palacio, en la comida en honor del príncipe turco.

Manuel Persa...

Emilia Es lo mismo... Esta vez no tendrás nada que decir del escote...

MANUEL Die Gesellschaftsberichterstatter sind immer regierungstreu. Das Regime der Frauen ist eben höchst tyrannisch und duldet nicht die leiseste Opposition.

EMILIA Oder sehr liberal und ruft keine hervor... Wie unhöflich von dir!

MANUEL Und darf man erfahren, was für ein Wunderding da aus Paris gekommen ist?

EMILIA Oh, du wirst schon sehen. Ein Gedicht... Ein Traum... Ein ideales Kleid! Ein Kunstwerk... Ihr Männer wißt die kleinen Besonderheiten ja nicht zu schätzen. Höchstens den Gesamteindruck, aber die Einzelheiten...

MANUEL Eine dieser Einzelheiten pflegt ja wohl die Rechnung zu sein.

EMILIA Die Rechnung? So ein Kleid ist immer billig, und mir geben sie Sonderpreise. Jede andere würde so ein Kleid nicht unter dreitausend bekommen, und mir haben sie zweitausendneunhundertfünfundvierzig berechnet, alles inklusive: Zoll, Porto...

MANUEL Wirklich, ein gutes Geschäft.

EMILIA Ein echtes Modellkleid. Und dabei ist gar nichts daran, nur der ‹Chic›, nichts weiter. Du nimmst es in die Hand und sagst: das kann doch nichts kosten, das könnte jeder machen. Aber dann siehst du es beim Tragen... und... du wirst ja sehen, du wirst ja sehen...

MANUEL Und wann werde ich es denn sehen?

EMILIA Was für eine Frage! Übermorgen, im Regierungspalast, bei dem Bankett zu Ehren des türkischen Prinzen.

MANUEL Des persischen...

EMILIA Das ist doch dasselbe. Diesmal kannst du bestimmt nichts gegen den Ausschnitt sagen.

Manuel No, no diré nada...; entre otras cosas..., porque esa comida...

Emilia ¡Qué!... ¿Se ha suspendido? ¿No viene el príncipe?

Manuel Sí, el príncipe, sí... Además, si no viene ése, vendrá otro... Pero es que para ese día ya no seré ministro.

Emilia ¡Eh!... ¿Hay crisis? ¿Cómo es posible?... ¡Si no me ha dicho nada la peinadora!...

Manuel La peinadora no lo sabrá todavía...

Emilia ¡Si peina a la de González y a la de Hernández!...

Manuel Es crisis parcial...; dimito yo solo...

Emilia ¿Tú solo? ¿Y qué has podido hacer para ser tú solo el que dimite?

Manuel No voy a explicártelo ahora... Me sobran razones...

Emilia ¡Ah, pero es por tu gusto!

Manuel ¡Claro está!... ¿Creías que me habían echado?

Emilia Es que de otro modo no lo comprendo...

Manuel No estoy conforme con la marcha del Gobierno...; mis ideas son antes que todo...

Emilia Pero yo creí que tus ideas eran las del Gobierno...

Manuel Eso creía yo hasta ayer por la tarde.

Emilia ¡Ah, fué ayer por la tarde!... ¡Y no me dijiste nada!...

MANUEL Nein, ich sage bestimmt nichts, schon deswegen, weil dieses Bankett ...

EMILIA Was! Ist es abgesagt worden? Kommt der Prinz denn nicht?

MANUEL Doch, der Prinz schon ... Und überhaupt, wenn der nicht kommt, kommt eben jemand anderes. Aber die Sache ist die, daß ich dann schon nicht mehr Minister bin.

EMILIA Oh! Ist eine Regierungskrise ausgebrochen? Wie ist das möglich? Davon hat die Friseuse mir gar nichts gesagt!

MANUEL Die Friseuse weiß es wohl noch nicht.

EMILIA Dabei frisiert sie doch auch die Frauen von González und Hernández!

MANUEL Es ist eine Teilkrise. Nur ich trete zurück ...

EMILIA Nur du? Was magst du getan haben, daß du allein zurücktreten mußt?

MANUEL Das kann ich dir jetzt nicht erklären. Ich habe Gründe genug.

EMILIA Ah, dann tust du es von dir aus!

MANUEL Natürlich! Hast du gemeint, sie hätten mich hinausgeworfen?

EMILIA Nun, anders konnte ich es mir nicht vorstellen.

MANUEL Ich bin mit dem Vorgehen der Regierung nicht einverstanden. Meine Prinzipien gehen mir immer noch vor.

EMILIA Aber ich denke, deine Prinzipien sind dieselben wie die der Regierung.

MANUEL Bis gestern abend habe ich das auch gedacht.

EMILIA Ah, also gestern abend war das! Und du hast mir nichts gesagt!

Manuel Quise tomarme toda la noche para reflexionar.

Emilia ¡Ah, por eso estuviste tan desvelado!... ¿Y te aceptan la dimisión?

Manuel Que la acepten o no la acepten...

Emilia ¡Ah!, ¿pero no la has presentado todavía?

Manuel Sí, particularmente... por carta... Oficial no es todavía... Esperan convencerme; trabajan para ello...

Emilia ¿Y te convencerán?...

Manuel Eso sí que no... Mi resolución es irrevocable. He llegado al límite de las concesiones...

Emilia ¿No te dieron aquella credencial que pediste?

Manuel Sí..., eso sí...; se desviven por complacerme...

Emilia ¿Entonces..?

Manuel Pero no es eso..., no se trata de credenciales... Se trata de mis compromisos ante la opinión..., el país... ¿Qué voy a decirte? Puedes comprender que tendré mis razones...

Emilia No lo sé...; pero salir tú solo... La verdad, es muy desairado... Van a decir que no tienes razón...

Manuel Ellos sí lo dirán...

Emilia Ya ves..., y ellos se quedan... Es una triste gracia... y es dar gusto a tus enemigos...

Manuel Ich wollte erst einmal die Nacht zum Nachdenken haben.

Emilia Ach, deshalb konntest du so schlecht schlafen! Und nehmen sie deinen Rücktritt an?

Manuel Ob sie ihn nun annehmen oder nicht . . .

Emilia Ach so, dann hast du ihn noch gar nicht angeboten?

Manuel Doch, vertraulich, brieflich . . . Es ist noch nicht amtlich. Sie hoffen mich zu überzeugen; sie bemühen sich noch darum.

Emilia Und werden sie dich überzeugen?

Manuel Oh nein, das nicht. Meine Entscheidung ist unwiderruflich. Ich bin am Ende der Zugeständnisse angelangt.

Emilia Haben sie dir die Vollmacht nicht gegeben, die du verlangt hast?

Manuel Doch, das schon. Sie bringen sich geradezu um, mir gefällig zu sein.

Emilia Na und?

Manuel Aber darum handelt es sich doch nicht. Es geht nicht um Vollmachten. Es geht um meine Verpflichtungen gegenüber der öffentlichen Meinung, dem Land . . . Was soll ich dir sagen? Du kannst glauben, daß ich meine Gründe habe.

Emilia Ich weiß nicht . . . Aber du allein weggehen . . . Eigentlich sieht das sehr schlecht aus. Sie werden sagen, daß du Unrecht hattest.

Manuel Die anderen werden es bestimmt sagen.

Emilia Siehst du, und die bleiben . . . Eine unangenehme Sache ist das. Und deine Feinde werden sich freuen.

MANUEL   Mis enemigos tendrán que reconocer mi sinceridad.

EMILIA   ¡De modo que te importa más quedar bien con tus enemigos que con tus amigos!...

MANUEL   Mira, Emilia, no he querido ver nunca en ti a un amigo político, mucho menos a un contrincante...

EMILIA   Creo que nunca..., pero sí una mujer que te aconseja siempre lo mejor...; eso debes haberlo visto en mí siempre. No dirás que yo intervengo nunca en tus asuntos. Nunca te he molestado con recomendaciones..., y tú sabes si me las piden... He preferido quedar mal con muchos amigos por no molestarte lo más mínimo... Desde que eres ministro, ¿qué te he pedido? Que recomendaras al novio de mi doncella para Orden público y a una hermana de mi peinadora para que la contrataran en un cinematógrafo de un diputado... Y la plaza de Orden público la conseguiste; pero la muchacha, en cambio, no llegó a debutar...; y eso que la vió el empresario..., y es muy guapa y creo que servía...

MANUEL   Pues por eso no llegó a debutar, y eso te prueba que ha servido... ¿A que no ha vuelto a molestarte?

EMILIA   ¡Tómalo a broma! Lo que no podrás decir es que yo he abusado nunca de mi posición. A otras hubiera yo querido ver en mi caso... Ahí tienes a la de tu compañero Ruiz Gómez, que no le da almuerzo ni comida tranquila a su marido..., y cuando él no hace lo que ella quiere, se va de

MANUEL Meine Feinde werden meine Aufrichtigkeit anerkennen müssen.

EMILIA Es ist dir also wichtiger, dich mit deinen Feinden gut zu stellen als mit deinen Freunden!

MANUEL Sieh mal, Emilia, in dir habe ich nie einen politischen Freund sehen wollen und noch viel weniger einen Konkurrenten.

EMILIA Das wohl nicht. Aber doch eine Frau, die dir immer zum Besten rät. Das wirst du bestimmt immer in mir gesehen haben. Du kannst nicht behaupten, daß ich mich jemals in deine Angelegenheiten einmische. Ich bin dir nie mit Empfehlungen lästig gefallen, und du weißt ja, wie sie mich darum angehen. Ich habe mich lieber mit vielen Freunden erzürnt, als dich im geringsten zu belästigen. Um was habe ich dich schon gebeten, seit du Minister bist? Daß du den Zukünftigen meiner Zofe für den Staatsdienst empfiehlst und eine Schwester meiner Friseuse für ein Engagement bei der Filmgesellschaft eines Abgeordneten ... Und den Posten im Staatsdienst hast du erreicht, aber das Mädchen hat nicht einmal eine Anfängerrolle bekommen; und dabei hat sie der Impresario sich doch angesehen, und hübsch ist sie auch, und sie hat ihre Sache bestimmt gut gemacht.

MANUEL Gerade deshalb ist sie ohne Rolle geblieben; das beweist doch gerade, daß sie ihre Sache gut gemacht hat. Wetten, daß sie dich nicht noch einmal belästigt hat?

EMILIA Jetzt mach dich noch lustig darüber! Du kannst nicht sagen, daß ich jemals meine Stellung mißbraucht hätte. Andere hätte ich in meiner Lage sehen mögen. Denk doch nur einmal an die Frau deines Kollegen Ruiz Gómez, die ihren Mann nicht beim Frühstück und nicht beim Essen in Ruhe lassen kann. Und wenn er nicht auf der Stelle tut, was sie will,

Ministerio en Ministerio, poniéndole en evidencia...

Manuel ¡Si no fuera más que de Ministerio en Ministerio!

Emilia Ella le pide a todo el mundo.

Manuel Hay quien dice que ofrece.

Emilia Y su marido tan contento.

Manuel No lo creas...; en Consejo se incomoda mucho...

Emilia Pero no dimite... ¿Oyes? No hace más que sonar el timbre... Amigos que vendrán a convencerte; gente que vendrá a saber...

Manuel He dicho que no recibo a nadie...

Emilia Pero ¿tan serio es el motivo?

Manuel Muy serio.

Emilia ¿Y no puede haber, por lo menos, un aplazamiento?

Manuel ¿Para qué? Lo que ha de ser... Pero tú decías siempre que estabas deseando verme libre de preocupaciones..., de disgustos...

Emilia Sí..., sí..., y lo digo...; pero precisamente...

Manuel Precisamente qué...

Emilia ¡Que para una vez que estaba yo contenta de ser ministra!...

Manuel Si tú no eres vanidosa... ¡No parece sino que tú necesitas que yo sea ministro para lucir..., para...! ¡Ah, vamos!...; ese vestido de París...; el capricho de lucirlo pasado mañana...

läuft sie von Ministerium zu Ministerium und stellt ihn bloß.

Manuel Wenn sie nur von Ministerium zu Ministerium liefe...

Emilia Sie geht alle Leute an.

Manuel Manche sagen, sie bietet an.

Emilia Und ihr Mann ist noch glücklich dabei.

Manuel Das glaube nur ja nicht; im Ministerrat hat er viel Ärger damit.

Emilia Aber er tritt nicht zurück... Hast du gehört? Die Klingel kommt heute nicht zur Ruhe. Freunde, die dich überzeugen möchten, Leute, die Näheres wissen wollen...

Manuel Ich habe gesagt, daß ich niemanden empfange.

Emilia Aber hast du denn einen so schwerwiegenden Grund?

Manuel Sehr schwerwiegend.

Emilia Und die Sache läßt sich nicht wenigstens aufschieben?

Manuel Wozu? Was sein muß... Und du hast doch selbst immer gesagt, wie du dich freuen würdest, wenn ich meine Sorgen los wäre, meine Unannehmlichkeiten...

Emilia Ja, ja, das sage ich jetzt auch noch. Aber wo ich nun gerade...

Manuel Wo du nun gerade...

Emilia Wo ich nun gerade einmal froh war, die Frau eines Ministers zu sein!

Manuel Und du willst nicht eitel sein! Es sieht ganz so aus, als ob ich Minister sein müßte, damit du etwas darstellen kannst, damit du... Ah, hört, hört! Dieses Kleid aus Paris, das Vergnügen, es übermorgen zu tragen...

Emilia ¿Qué quieres? ¡Estaba tan ilusionada!...

Manuel ¡Que no tendrás ocasión!... En cualquier baile...

Emilia No es de baile..., es de comida...; ése es su «chic», que no sirve más que para comida, y para comida en Palacio.

Manuel ¡Y en honor de un príncipe persa!... ¡Tanto quieres puntualizar!... ¡No sé qué especialidad puede tener un vestido para no servir más que en ocasión determinada!

Emilia ¡Qué quieres!... Este es así..., y mi capricho es lucirlo en esta ocasión... ¿Por qué tú tenías tanto afán en ser ministro en este Gobierno más que en otros? Recuerda...

Manuel Sí, algo por amor propio...

Emilia Por chafar a Hernández...; tú me lo dijiste... Pues figúrate que yo también quiero chafar a alguien..., a alguien que yo sé que se ha burlado de mí; mujer de alguno de tus compañeros de Ministerio...

Manuel ¿Quién hace caso?

Emilia Sí, sí, me lo han dicho...; me consta: ha dicho que soy cursi... ¡Como que soy la única joven del Ministerio!

Manuel Y la más guapa, también puedes decirlo...

Emilia Eso lo dices tú..., y me gusta oírlo... Pero eso lo puede ser cualquiera...; elegante, ya es más difícil . . .

Manuel También lo eres..., como debes serlo...

Emilia Was willst du? Ich hab mich so darauf gefreut!

Manuel Als ob du sonst keine Gelegenheit dazu hättest! Beim ersten besten Ball...

Emilia Es ist kein Ballkleid, es ist für ein Bankett. Das ist ja eben der ‹Chic›, daß es nur für ein Bankett in Frage kommt, und nur für ein Bankett im Regierungspalast.

Manuel Und zu Ehren eines persischen Prinzen! Du nimmst es aber genau! Ich weiß nicht, was so Besonderes an einem Kleid sein kann, daß es nur zu einer bestimmten Gelegenheit paßt!

Emilia Was willst du? Dies ist so ein Kleid... Und ich möchte es nun einmal zu dieser Gelegenheit tragen. Warum hat dir so viel daran gelegen, lieber in dieser Regierung als in jeder anderen Minister zu werden? Erinnere dich doch...

Manuel Ja, ein wenig schon aus Selbstgefühl...

Emilia Weil du Hernández ausstechen wolltest. Du hast es mir selbst gesagt. Nun stell dir vor, daß ich auch einmal jemanden ausstechen möchte, jemanden, von dem ich weiß, daß er sich über mich lustig gemacht hat; die Frau eines deiner Ministerkollegen.

Manuel Wer wird denn auf so etwas achten?

Emilia Doch, doch, man hat es mir erzählt. Ich weiß es genau: sie hat gesagt, ich sei aufgetakelt. Wo ich doch die einzige junge Ministerfrau bin!

Manuel Und die hübscheste, das kannst du gleich dazu sagen.

Emilia Das sagst du. Und ich freue mich, es zu hören. Aber das kann jede sein. Elegant sein ist schon schwieriger.

Manuel Das bist du doch auch, gerade richtig...

Emilia Sí..., ¡pero si vieras!.. Yo comprendo que algunas veces no he estado acertada en la ‹toilette›..., pecaba por exceso...; pero ahora este vestido es de un supremo ‹chic›...; como que he sostenido correspondencia diaria con el modisto durante veinte días..., y muestras van y vienen, y figurines y descripciones..., y yo sin decidirme, y él ideando creaciones... «Sueño con usted», me dice en una de sus cartas...

Manuel ¡Caracoles!

Emilia «Piense usted en mí siempre», le digo yo en todas las mías...

Manuel ¡Pues sabes que cualquiera que leyese la correspondencia...!

Emilia Mira, voy a ponerme el vestido..., para ti... Quiero que lo veas antes que nadie, que lo admires...

Manuel No, no...; ya tendré ocasión...

Emilia Pasado mañana...

Manuel Sí, hay función en el Real, y si quieres ponértelo...

Emilia Para el Real... es demasiado; llamaría la atención...

Manuel ¡Pues si no es eso lo que te propones...!

Emilia ¿Llamar la atención? ¡De ningún modo! El verdadero ‹chic› es ése... No llamar la atención y que todo el mundo se fije...

Manuel No me explico cómo puede ser eso; pero, en fin, la ‹toilette› tiene sus secretos...

EMILIA Ja... Aber wenn du es sehen würdest! Ich weiß genau, daß ich es mit meiner Garderobe manchmal nicht ganz getroffen habe, ich habe übertrieben... Aber dieses Kleid jetzt hat einen unübertrefflichen ‹Chic›. Wo ich doch drei Wochen lang täglich mit meinem Schneider korrespondiert habe. Und Muster sind hin- und hergegangen, Modellskizzen und Beschreibungen. Und ich immer noch unschlüssig, und er denkt sich immer neue Kreationen aus... «Ich träume von Ihnen» steht in einem seiner Briefe.

MANUEL Donnerwetter!

EMILIA «Denken Sie immer an mich», habe ich ihm in allen meinen Briefen geschrieben.

MANUEL Na weißt du, wenn jemand diesen Briefwechsel liest!

EMILIA Hör zu, ich werde das Kleid anziehen, für dich. Ich möchte, daß du es vor allen anderen siehst, daß du es bewunderst.

MANUEL Nein, nein, ich werde schon noch Gelegenheit haben...

EMILIA Übermorgen.

MANUEL Ja, da ist eine Vorstellung im Real-Theater, und wenn du es anziehen möchtest...

EMILIA Für das Real... ist es zu auffallend, es würde Aufsehen erregen.

MANUEL Aber das willst du doch gerade erreichen!

EMILIA Aufsehen erregen? Keinesfalls! Das ist doch gerade der echte ‹Chic›. Kein Aufsehen zu erregen, und doch alle Blicke auf sich zu ziehen.

MANUEL Ich kann mir nicht vorstellen, wie das zu machen ist. Aber die Mode hat wohl ihre Geheimnisse.

Emilia Como la política... Y hoy va a tener uno...

Manuel ¿Uno? ¿Cuál?

Emilia El desistir de tu dimisión.

Manuel Sí..., por un vestido... ¡Tendría que ver!

Emilia Por el vestido, no, por mí... ¿No valgo yo ese sacrificio..., que no lo es..., porque tú serás el primero en alegrarte como todos tus amigos?

Manuel Mis amigos, sí..., ¡y cómo se reirían!

Emilia ¡Sí, que ellos no habrán hecho cosas más graves por cosas de menor importancia!

Manuel ¿De menos importancia que el capricho de lucir el vestido?

Emilia El de lucir ellos alguna banda o algún discurso preparado. Todo, satisfacción de la vanidad...; pero a los hombres os parece que vuestras vanidades son más trascendentales... Después de todo, ¿por que te empeñas en dimitir? Por vanidad.

Manuel ¡Dignidad!

Emilia ¡Vanidad! Porque dijiste una cosa y no quieres decir otra...; la vanidad de sostener tu carácter..., y por ella comprometes a tus amigos, expones al Gobierno a una crisis desagradable..., de mal efecto...; pasarás por orgulloso, por testarudo..., por no saber amoldarte a las circunstancias... Ese defecto lo has tenido siempre...; te lo dicen los periódicos todos los días...

Manuel ¿No quedamos en que no los leías?

Emilia Alguna vez...; y cuando esa vez da la

EMILIA Wie die Politik. Und die wird jetzt wieder eines haben.

MANUEL Ein Geheimnis? Was für eines denn?

EMILIA Die Zurücknahme deines Rücktritts.

MANUEL Ja... Für ein Kleid... Das wäre ja noch schöner!

EMILIA Nicht für ein Kleid, für mich. Bin ich dieses Opfer nicht wert? Dabei ist es gar kein Opfer; denn du wirst dich am meisten freuen, und deine Freunde dazu!

MANUEL Meine Freunde ja... Und wie sie lachen würden!

EMILIA Als ob die noch nie bedeutendere Schritte getan hätten für unwichtigere Dinge!

MANUEL Unwichtiger als deine Lust, mit diesem neuen Kleid auftreten zu können?

EMILIA Bei denen war es das Auftreten mit irgendeinem Ordensband oder einer vorbereiteten Rede. Nichts als Befriedigung der eigenen Eitelkeit... Aber ihr Männer glaubt ja immer, eure Eitelkeiten seien welterschütternder. Wenn man es recht betrachtet — warum willst du unbedingt zurücktreten? Aus Eitelkeit.

MANUEL Aus Selbstachtung!

EMILIA Aus Eitelkeit! Weil du einmal etwas gesagt hast und nun nicht etwas anderes sagen willst. Die Eitelkeit, deine Charakterstärke zu zeigen. Und dafür bringst du deine Freunde in Schwierigkeiten, stürzt die Regierung in eine peinliche Krise, die schlechten Eindruck macht. Für hochmütig werden sie dich halten, für dickköpfig, weil du dich den Umständen nicht anpassen kannst. Den Fehler hast du von jeher gehabt. Die Zeitungen halten es dir ja täglich vor.

MANUEL Hatten wir nicht gerade gesagt, daß du keine liest?

EMILIA Nur manchmal... Und wenn es das Unglück will,

casualidad..., es que te lo dirán todos los días... «La terquedad del señor ministro..., su inflexibilidad... El señor ministro confunde la tozudez con el carácter...» Tienen mucha razón, y eso que no te ven en casa...

Manuel ¡Emilia! Me desagrada oírte...

Emilia La verdad desagrada siempre... Pero no me dirás que tú solo vas a tener más razón que todo el Ministerio... Y aunque la tuvieras...; entre personas educadas se cede...; ellos cederán otras veces... Vas a ponerte en ridículo... Te habrá aconsejado tu amigote Pepe..., porque tú eres así...: mucho carácter, y luego te dejas llevar de cualquiera, del que te aconseja con peor intención... Porque Pepe lo que está deseando es que dejes de ser ministro; te tiene mucha envidia.

Manuel ¿Pero qué tiene que ver Pepe, ni qué me aconseja?...

Emilia No digas..., siempre, para todo... Hasta cuando pusimos el comedor y tu despacho... tuvo que ser como él dijo..., una cursilería..., el comedor modernista, que parece un café de provincia, y tu despacho, en cambio, que parece una funeraria... Como lo de llevarte a su sastre, que no sabe vestirte... La otra noche me fijé en el baile de la Embajada: nadie lleva el chaleco de frac en forma de corazón, como el que te han hecho..., ni las vueltas de raso..., y esos chalecos de fantasía que llevas son ridículos, y ya verás cómo la toman contigo en las caricaturas...

Manuel ¡Emilia! ¡Emilia! Que mis nervios están en tensión y ya no respondo.

werden sie es dir jetzt täglich vorhalten. «Die Starrköpfigkeit des Herrn Ministers, seine Unnachgiebigkeit ... Der Herr Minister verwechselt Halsstarrigkeit mit Charakterstärke ...» Sie haben ganz recht, und dabei erleben sie dich noch nicht einmal daheim.

MANUEL Emilia! Es tut mir weh, von dir zu hören ...

EMILIA Die Wahrheit tut immer weh. Du wirst mir doch nicht erzählen wollen, daß du mehr Verstand hast als die ganze Regierung. Und selbst wenn du ihn hättest ... Unter gebildeten Leuten gibt man nach. Die anderen werden ein andermal nachgeben. Du machst dich nur lächerlich. Bestimmt hat dein Freund Pepe dir das geraten; denn so bist du. Viel Charakterstärke, aber dann läßt du dich vom ersten besten beschwatzen, von einem, der dich in schlechtester Absicht berät. Denn was Pepe will, ist doch nur, daß du nicht Minister bleibst; er beneidet dich doch furchtbar!

MANUEL Aber was hat denn Pepe damit zu tun, wieso gibt er mir Ratschläge?

EMILIA Na hör mal, immer, in allen Dingen. Sogar, als wir das Eßzimmer und dein Arbeitszimmer neu eingerichtet haben. Es mußte so gemacht werden, wie er sagte, der reine Kitsch ... Das Eßzimmer nach dem letzten Schrei, daß es aussieht wie ein Kleinstadtcafé, und dein Arbeitszimmer dafür wie ein Beerdigungsinstitut. Und zu seinem Schneider hat er dich geschleppt, der dich nicht anzuziehen versteht. Neulich abend noch beim Ball in der Botschaft habe ich es gemerkt: niemand trägt die Frackweste in Herzform, wie er sie dir gemacht hat; auch keine Atlasaufschläge. Und diese Phantasiewesten, die du trägst, sind lächerlich. Du wirst sehen, wie sie dich in den Karikaturen hernehmen werden.

MANUEL Emilia! Emilia! Ich habe zu angespannte Nerven, um dir überhaupt zu antworten.

Emilia   No te faltaba más que yo pagase tus disgustos políticos. Como la política me ha dado tantas satisfacciones..., sacrificios, molestias... Por ti he perdido las relaciones con mis mejores amigas..., y en cambio tengo que tratar a mucha gente que me desagrada..., a quien yo no distingo..., que no debía de tratar..., y así en todo..., siempre sacrificada... El verano pasado, sin tomar las aguas por no dejarte solo en Madrid, porque tú no podías salir con las dichosas Cortes..., y estas Navidades sin poder ir a ver a mamá con los dichosos proyectos, y para una satisfacción que podía una tener una vez..., para un capricho que tiene una..., como si fuera un crimen..., ya es una intrigante, ya exige una demasiado, ya compromete una su carrera política, su dignidad..., ¡qué sé yo!... No te faltaba más que decir que yo te pongo en ridículo, como la de Ruiz Gómez a su marido...; pero me lo dirás..., me lo dirás...

Manuel   ¡Emilia, Emilia!...

Emilia   No, si ahora soy yo quien desea que presentes la dimisión..., ahora mismo, ahora mismo...; pero no vuelvas a hablarme de política ni de carteras... Nos iremos a vivir a un pueblo, donde siquiera tenga tranquilidad..., lo único que yo he deseado siempre..., una casita en un pueblo con sus gallinas y sus palomas..., eso, eso..., y nada de este infierno, de estas intrigas... Todo antes que verte así..., todo antes de que quieras pagar conmigo porque los demás te disgustan...

EMILIA   Das würde dir gerade noch gefallen, mich deinen politischen Ärger entgelten zu lassen. Die Politik hat mir ja reichlich genug Freuden gebracht ... Opfer und Belästigungen ... Deinetwegen habe ich den Kontakt mit meinen besten Freundinnen verloren, und stattdessen muß ich mit vielen Leuten verkehren, die ich nicht leiden kann, die ich nicht schätze, mit denen ich gar nicht verkehren sollte. Und so geht es in allem, immer bin ich die Leidtragende. Im vergangenen Sommer bin ich nicht ins Bad gefahren, um dich nicht in Madrid alleinzulassen, weil du nicht wegkonntest wegen des vermaledeiten Parlaments. Und diese Weihnachtstage, an denen ich nicht einmal Mama besuchen konnte wegen dieser verflixten Gesetzesvorlagen ... Und wenn man einmal eine Freude haben könnte, wenn man einmal an etwas Spaß haben möchte, als ob das ein Verbrechen wäre, schon steht man als Intrigantin da, schon verlangt man zuviel, schon gefährdet man dem Herrn die politische Laufbahn, die Selbstachtung ... was weiß ich! Fehlt nur noch, daß du sagst, ich machte dich lächerlich wie die Frau Ruiz Gómez ihren Mann. Aber das sagst du auch bald, das auch ...

MANUEL   Emilia! Emilia!

EMILIA   Nein, jetzt bin ich es, die darauf besteht, daß du deinen Rücktritt anbietest, und zwar sofort, jetzt gleich. Aber dann rede du mir noch einmal von Politik oder von Laufbahn. Wir ziehen in ein Dorf, wo ich vielleicht endlich Ruhe haben werde. Das einzige, was ich mir immer gewünscht habe: ein Häuschen in einem Dorf mit Hühnern und Tauben. Genau das. Und nichts mehr hören von diesem ganzen Höllenbetrieb, diesen Intrigen. Alles ist mir lieber, als dich so erleben zu müssen, alles ist mir lieber, als daß du mich entgelten lassen willst, was die anderen dir alles an Ärger einbrocken.

MANUEL Esto es peor que veinte discursos de oposición... Me voy al Congreso..., al Senado..., todo es preferible... El gabán... El sombrero...

EMILIA Pero ¿no llevas la dimisión?

MANUEL No, no dimito... Sin el Ministerio no tendría pretexto para estar tanto tiempo fuera de casa..., y cualquiera te aguantaba en un año... Irás a la comida, lucirás el vestido. No será la primera vez que una falda haya decidido una crisis... ¿Estás contenta?

EMILIA Sí, pero no te enfades... ¡Cuando veas el vestido, lo comprenderás todo!...

MANUEL Sí, pero al día siguiente sí que no debes leer más que la crónica de sociedad, porque ¡lo que van a decir de mí los periódicos!

EMILIA Los de oposición. Si hubieras dimitido lo dirían los ministeriales... ¡Siempre han de decir!

MANUEL ¡Y aún piden las mujeres que os concedan el derecho a votar, como si no gobernarais el mundo!...

EMILIA Yo no, no pido semejante cosa... Si se presenta la proposición, puedes votar en contra.

Telón

MANUEL Das ist ja schlimmer als zwanzig Reden der Opposition. Ich gehe in den Kongreß, in den Senat ... Alles lieber als dies hier ... Meinen Mantel ... Meinen Hut ...

EMILIA Aber willst du dein Rücktrittsgesuch nicht mitnehmen?

MANUEL Nein, ich trete nicht zurück. Ohne die Regierungsgeschäfte hätte ich keinen Grund mehr, so lange außer Haus zu bleiben. Und wer könnte dich ein Jahr lang aushalten. Du wirst zu dem Bankett gehen und dein Kleid vorführen. Es ist ja nicht das erste Mal, daß eine Regierungskrise durch einen Weiberrock entschieden wird. Bist du nun zufrieden?

EMILIA Ja, aber du darfst nicht böse sein. Wenn du erst das Kleid gesehen hast, verstehst du alles!

MANUEL Schön, aber am Tag drauf mußt du wirklich nur die Gesellschaftsberichte lesen. Was werden die Zeitungen über mich schreiben!

EMILIA Die von der Opposition. Wenn du zurückgetreten wärest, hätten dich die Regierungsblätter angegriffen. Irgendwer hat immer etwas auszusetzen!

MANUEL Und da verlangen die Frauen noch das Wahlrecht! Als ob ihr nicht schon die ganze Welt regiertet!

EMILIA Ich nicht, ich verlange nichts dergleichen. Wenn *der* Vorschlag eingebracht wird, kannst du dagegen stimmen.

Vorhang

Jacinto Benavente (1866—1954) ist in Madrid geboren und gestorben. Sein Vater, ein angesehener Kinderarzt in der Hauptstadt, verlangte ein regelrechtes Jurastudium, das der Sohn aber sogleich nach dem Tode des Familienoberhauptes abbrach, um statt dessen ausgedehnte Reisen zu unternehmen. Dann ließ er sich in Madrid nieder und schrieb mit großer Regelmäßigkeit in jedem Jahr mehrere Stücke, die ihm 1922 den Nobelpreis für «die glückliche Erneuerung der ruhmvollen Tradition des spanischen Theaters» eintrugen.

Unter seinen insgesamt mehr als dreihundert Theaterstücken, die sich von den Werken seiner spanischen Vorgänger durch einen wohltuenden Mangel an Pathos und Überschwenglichkeit unterscheiden, sind alle Spielarten vertreten: Tragödien, Bearbeitungen der Klassiker (Molière, Shakespeare), zeitkritische Dramen, abendfüllende Komödien und freundliche Einakter.

Den größten Erfolg brachten ihm die Prosadramen und -komödien aus dem Leben der spanischen Gesellschaft. Diese Stücke waren die ideale Kost für ein gebildetes bürgerliches Publikum, das eine Kritik im Sinne des «gesunden Menschenverstands» verlangte, die aber nicht provozierend an der Gesellschaftsordnung rütteln durfte. Die drei Einakter dieses Bändchens sind typische Beispiele für ein solches Genre. Ihr Reiz liegt in der genauen Beobachtung der Rede- und Verhaltensweise der Menschen in der spanischen Gesellschaft, in einem ganz und gar «richtigen» Dialog also, vor allem aber in einer virtuosen Beherrschung der Kunstgriffe, die ein Stück theaterwirksam machen. Dies letztere ist wohl auch ein Grund dafür, daß sich die spanischen Schauspieler stets um eine Rolle in den Stücken Benaventes gerissen haben, weil sie ihres Publikums von vornherein sicher waren. Der deutsche Romanist Karl Voßler hat den Autor gewiß mit Recht gerühmt als «einen echten Dichter von wenig Farbe, aber sehr viel Nuance».